「反原発」異論

吉本隆明
YOSHIMOTO Takaaki

論創社

「反原発」異論

目次

I

3・11／以後

Ⅱ 3・11／以前

悲劇の革命家
吉本隆明の最期の闘い

副島隆彦

「もう別のところに行ってもいい」と、最期の頃に言って吉本隆明は死んでいったそうだ。死の床の吉本隆明は、「生きていても何もいいことはない。目は見えない。体は動かない。食べることへの執着もない。しかし自分の思想として自殺することはできない」と言いながら死を迎えたと親しい編集者から私は聞いた。

日本に生まれた偉大な思想家である吉本隆明が八十七歳で逝った。二〇一二年三月一六日。その二年十ヶ月後に出されることになった、この吉本隆明の「遺稿集」に、私が巻頭の文を書くことを頼まれてからさえ四ヶ月が過ぎ去った。私はじっと堪えている。今も吉本隆明の霊魂と向かい合っている。

私の吉本思想への思い入れはものすごく深い。私は自分が十八歳の時から吉本の本を読み始めてもう四十余年が経つ。私は誰に憚《はばか》ることなく、紛《まぎ》れもなく吉本主義者である。自分を吉本隆明主義者と標榜《ひょうぼう》し、自認（自任）して生きてきて全く恥じることがない。

多くのかつての吉本主義者たち、あるいは熱烈なる吉本の本読みたち自身が、やがて吉本の思想に忠実でなくなり、吉本の思想を裏切っていった。彼らは背信者（レネゲイド、renegade）である。彼らは今では自分を指してもはや吉本主義者と呼ばなくなったろう。多くのかつての吉本主義者は吉本隆明から離れ、背《はい》教《きょう》していった。誰とは言わない。たくさんいる。彼らは吉本が書いて語って主張したことに対して「そうかなあ。私は最近の吉本さんの考えには異論があるなあ」と、各時期に言いだした人々である。

二〇一四年初秋の今、彼ら自身がもう七十歳が近くなった人々である。自分のことを吉本主義者と自称することがなくなり、かつ、他称（回りからそのように呼称されること）に対しても異和を唱えて拒否するであろう。

本書『「反原発」異論』の内容についての事実関係を時間軸《クロノロジー》で明確にしてゆく。福島第一原発の1号機の爆発事故が起きたのは二〇一一年三月一二日午後三時三六分である。それから三ヶ月後に吉本隆明が発言した「原子力研究を続けるべきである」の第一声は、五月二七日の毎日新聞の夕刊である。

わずか三年九ヶ月前のことなのに多くの人は正確には記憶していないだろう。日本人だけでなく、世界中の人々を震撼させ、一時期恐怖のドン底に突き落とした原子力発電所の爆発事故は、1号機の爆発のあと（その翌日は何もなかった）二日たった三月一四日の午前一一時〇一分に起きた3号機の爆発事故である。あの時、小さなきのこ雲が原発の真上に立った。それで人類を広島・長崎の原《げん》子《し》爆《ばく》弾《だん》（アトミック・ボム。のちの核兵器《ニュークレア・ウェポン》）の再来として真に恐怖させた。

　そしてその翌日、三月一五日に、午後六時一四分に、2号機地下の圧力抑制《よくせい》室（プレッシャーチェインバー）が損傷した爆発が起きている。続いて4号機でも水素爆発が起きたらしい（これも水蒸気爆発ではない）。これで全て終わった。これで「福一《ふくいち》の原発事故」は収束したのである。

　いずれの爆発（四つの原子炉の爆発）でもメルトダウン（炉心溶融《ようゆう》）は起きていない。今の今でも「メルトダウンが起きた」と騒いでいるのは、ものごとの真実を明確に自分の脳（頭）で確認しようとしない愚か者たちである。原子力工学の専門家たちの意見を今からでもいいから聞くべきである。私はたくさん聞いた。彼らを〝御用学者〟と決めつけて総なめに忌避したことの報《むく》いが日本国民に帰ってくる。

　原子炉（ニュークレア・リアクター）の底に燃料棒（フュエル・ロッド）がこぼれて落ちて冷えて固まっただけだ。原子炉への海水注入で全てが収束した。温度は冷却し気圧は一気圧に落ちた。

　原子炉を包んで防御している頑丈な鋼鉄製の圧力容器（コンテイナー）も破られていない。

原発事故のあと三年九ヶ月たつが、現在に至るも、福島の現地では幼児ひとり、作業員ひとり原発事故による漏出《ろうしゅつ》した微量の放射能（放射性物質）による病人、発病者はひとりも出ていない。たったのひとりも病人はいない。福島の現地の人々は全員元気だ。

私ははっきりとこのように書く。このように書くことで、この本の読者になってくれるであろう人々の一部と論争をここでは始める気はない。

この本は吉本隆明の本であって、巻頭文の書き手である私、副島隆彦の本ではないからだ。

原発の危険性（の少なさ）についての議論は、別の場所で十分に行いたいと思う。私は、この三年九ヶ月間、多くの人と今度の原発事故の事実関係について言い合ってきた。私は苦《に》が虫を噛みつぶした思いでずっと生きてきた。福島の現地に行きもせず、遠くの方からよくもこの「リベラル・左翼大衆ども」は、ニューズ映像を見ただけで自分の脳に突き刺さった恐怖感と、雑多な情報・知識に捕われて（即ち洗脳、ブレイン・ウォッシングされて）よくもこれほどの巨大な迷妄《めいもう》の大騒ぎをしてくれたものだ。私の怒りは今も怒張天《どちょうてん》を突《つ》くほど深い。激しい論争は他の場所で行っている。そちらへどうぞお越し下さい。

吉本隆明は、事故のあとの五月二七日の毎日新聞のインタビュー記事で次のように答えている。

「福島の土地に多くの放射性物質が降り注ぎました。二万人以上もの人々が住んでいた場所から避難していますが」と問うと、吉本さんは「ひどい事故で、もう核エネルギーはダメだという考えは広がるかもしれない。専門ではない人が怒るのもごもっともだが……」と理解を示しつつも、ゆっくり続けた。「動物にない人間だけの特性は前へ前へと発達すること。技術や頭脳は高度になることはあっても、元に戻ったり、退歩することはあり得ない。原発をやめてしまえば新たな核技術もその成果も何もなくなってしまう。今のところ、事故を防ぐ技術を発達させるしかないと思います」

この吉本隆明の発言は正しい。絶対的に正しい。かつ優れている。日本一かつ世界一優れている。「原発をやめてしまえば新たな核技術もその成果も何もなくなってしまう。今のところ、事故を防ぐ技術を発達させるしかないと思います」という吉本の〝状況への発言〟はズバ抜けて優れていた。これが日本の最高の頭脳であり民衆の中の革命家であり思想家である吉本隆明の文字どおり最期の闘いであった。このあと一年弱で吉本は、八十七歳で逝ってしまった。

この本の読み手になる人は、まず本書の一三三ページの「「反原発」で猿になる」という吉本隆明の「週刊新潮」誌（二〇一一年の年末発売号）インタビュー記事を読んでほしい。これは「反原発をやみくもに唱えることでヒトはサルに退行する」という意味だ。

ここで吉本は次のように発言している。

僕は以前から反核・反原発を掲げる人たちに対して厳しく批判をしてきました。それは今でも変わりません。実際、福島第一原発の事故では被害が出ているし、何人かの人は放射能によって身体的な障害が生じるかもしれない。そのために〝原発はもう廃止したほうがいい〟という声が高まっているのですが、それはあまりに乱暴な素人の論理です。

今回、改めて根底から問われなくてはいけないのは、人類が積み上げてきた科学の成果を一度の事故で放棄していいのか、ということなんです。

吉本隆明のこの発言はすばらしいものであり、人類（人間）にとって今一番大切な考えである。私はそのように信じて疑わない。

私が吉本隆明の原発事故への発言を、その次に読んだのは、日本経済新聞の八月五日のインタビュー記事だった。

――事故によって原発廃絶論が出ているが。

原発をやめる、という選択は考えられない。原子力の問題は、原理的には人間の皮膚や硬い物質を透過する放射線を産業利用するまでに科学が発達を遂げてしまった、という点にある。燃料としては桁違いにコストが安いが、そのかわり、使い方を間違えると大変な危険を伴う。しかし、発達してしまった科学を、後戻りさせるという選択はあり得ない。それは人類をやめろ、というのと同じです。

だから危険な場所まで科学を発達させたことを人類の知恵が生み出した原罪と考えて、科学者と現場スタッフの知恵を集め、お金をかけて完璧な防御装置をつくる以外に方法はない。今回のように危険性を知らせない、とか安全面で不注意があるというのは論外です。

この吉本隆明の発言が最もよくまとまっている。「原子力研究を今後も続け、原発を稼働させるべきである」の明確な主張である。

私が、先に挙げた毎日新聞の吉本隆明の第一声の記事の内容を聞いたのは、私が弟子たちと福島の現地で、第一原発から二一キロ離れた所（都路《みやこじ》という町。二〇キロ以内は四月二二日から入れなくされた。警察機動隊による検問所が出来た）に私たち自身の現地活動本部を作っている最中だった。事務所開きは六月二二日だった。

「吉本さんはさすがだ。私も彼と全く同じ考えです」と、電話で私に知らせてくれたのは、西村肇《にしむらはじめ》東京大学工学部名誉教授（一九三三年生。八十二歳で存命。日本の環境工学の権威）である。西村教授は、日本に原子力発電所が導入された一九五〇年代からの全ての動きを刻明に身近に知っている学者である。多くの論文を書いている。

私は自分の弟子たちと、原発の事故の直後の三月一九日（土）から、福島原発の現場の真実を知るために現地で活動した。もし東京にまで高濃度の放射性物質（セシウム）が降りそそいで、三〇〇万人とかの子供たちが甲状腺ガンで死ぬことになるのなら、それをくい止めるための作業をやりに行こうと考えた。そのための決死隊を組織すると公表した。そのためにはまず隊長（司令官）になる自分が現地に行って現状を把握すべきだ、と考えて行動した。

私はこのことを事故の直後の三月一四日に、自分が主宰する「副島隆彦の学問道場」 http://soejima.to というインターネット上のサイトに書いた。この文は、一連の活動記録と共に今もそのまま残っている。そして、事故原発の石棺《せきかん》（詰め）作業（コンクリートの壁で原発全体を覆う作業）をしなければいけないと知った。それに参加するための決死隊を自分で結集、編成しようとした。しかし緊急の石棺作業は必要でなかった。何故なら現地で事故は終結していたからだ。

私は弟子たちと第一原発正門前で放射線量の測定作業を続けた。私は何事か大事件が起きたら、可能な限り現場に駆けつけて、現場で現実を見るべきと考えている。遠くの方から「危険だ、危険だ」と言っている程度の人間の言うことなど相手にしない。薄《うす》らバカたちだと思っている。

私が福島の現地と東京の住居を往復しているうちに三年が過ぎた。私はその間に更に多くのことを学び、知ってしまった。

人間という生き物が、これほどに愚かで、おのれの脳に突き刺った恐怖心に支配されると巨大な迷蒙に簡単に陥るのだ、と知った。その時からが日本民衆の総敗北だ。

私が福島第一原発の正門前で、三月二八日（1号機の爆発から一六日後）に放射線量を測ったら八六〇マイクロシーベルト毎時（パーアワー）860μs/h であった。こんな微量では人間は死なない。誰も発病しない。これの一〇〇〇倍でも病気にならない。三月一五日（爆発三日目）には、正門で八二六〇マイクロシーベルト毎時 8260μs/h （即ち瞬間だ。積算ではないということ）が測定された。東京・都心では新聞各紙が号外を出して、この数値を大きく報じた。八二六〇マイクロシーベルトとは、八・二ミリシーベルトである。こんなものでも微量であるから誰も発病、発症しない。一シーベルト（一〇〇〇ミリシーベルト）毎時（パーアワー）から上が危険なのだ。

以後、多くの「原発をやめるべきだ」派の人々と、事実は何かを巡って私は激しく議論をして来た。そして私は疲れ果てて今では、「人をコトバの力で説得する、というのは容易なことではないな。ほとんど不可能だ」と、イヤな思いを繰り返して、身に染みて分かった。何人もの友人と離別した。

それに引き比《くら》べて、吉本隆明の発言と思想は、この事故（問題）でも際《きわ》立って明晰であり優れていた。

吉本隆明は、福島第一原発の事故から遡《さかのぼ》ること三十二年前である、一九八二年に『「反核」異論』（深夜叢書社）という本を書いた。この本で、「反核・反原発」という一見《いっけん》、誰も反対できない、正義の主張であるものに日本の国民大衆を引きずり込もうとした運動を批判した。そのために吉本隆明は、またしても日本の保守派（体制派。権力者たちを含む）からだけでなく、左翼・リベラル派からも敵視されこの両方から嫌われた。吉本自身（当時五十八歳）は、この『「反核」異論』を書いて出すことで、自分が言論界、出版界から激しく忌避《きひ》され、発言の場所（書く場所）を奪われ干《ほ》されることまで厳しく覚悟していた。そのように吉本に近い編集者から私は聞いていた。

『「反核」異論』を書いて、まさしく孤立した吉本隆明は、それから三十二年後の3・11の大地震・大津波のあと（津波の二五時間後に1号機が爆発）の、原発事故に際して、再び大きく孤立した。

「それでも原子力の研究を続けなければならない」と吉本が書き続けたので、吉本隆明の熱心な読者及び吉本主義者だった者たちまでが、吉本のこの考えに距離を置いていった。その代表は糸井重里氏と坂本龍一氏だと私は考える。

私は吉本隆明の考えと判断を今も全面的に支持している。私は自分が長年、信念にして来たとおり、誰憚《はばか》ることなく自分が吉本主義者であることを誇りに思う。腹の底からこう思う。

吉本隆明は、この『「反核」異論』の中で、次のように、明確に書いている。ややや難解な文だが、ここに吉本思想の真骨頂《しんこっちょう》が表われている。じっくりと読みほぐすように一行ずつ、しっかり読むと、誰にでも解読できる。

知ったかぶりをして、つまらぬ科学者の口真似をすべきではない。自然科学的な「本質」からいえば、科学が「核」エネルギイを解放したということは、即自的に「核」エネルギイの統御（可能性）を獲得したと同義である。また物質の起源である宇宙の構造の解明に一歩を進めたことを意味している。これが「核」エネルギイにたいする「本質」的な認識である。

すべての「核」エネルギイの政治的・倫理的な課題の基礎にこの認識がなければ、「核」廃棄物汚染の問題をめぐる政治闘争は、倫理的反動（敗北主義）に陥いるほかないのだ。

山本啓の言辞に象徴される既成左翼、進歩派の「反原発」闘争が、着実に敗北主義的敗北（勝利可能性への階程となりえない敗北）に陥っていくのはそのためだ。

こんなことは現地地域住民の真の批判に耳を傾ければすぐに判ることだ。半衰期が約二万四千年だから、約五万年も放射能が消えないプルトニウム廃棄物質にまみれて、あたかも糞尿に囲まれて生活するかのような妄想を、大衆に与えるほかに、どんな意味もない。いいかえれば開発によってではなく、迷蒙によって大衆の「反原発」のエネルギイをひき出そうとする闘争に陥るほかないのだ。

このように吉本隆明は書いている。

ここで、「この認識がなければ、「核」廃棄物汚染の問題をめぐる政治闘争は、倫理的反動（敗北主義）に陥いるほかないのだ」とはっきり書いている。そして文字どおり、日本の民衆の闘いは、二〇一一年の3・11のあとに、核エネルギーと原子力発電所を巡る大いなる倫理的反動と総敗北主義に陥っていった。私は深い慚愧《ざんき》の念に襲われる。この『「反核」異論』（一九八二年刊）から三十二年後の今（二〇一四年）『「反原発」異論』が、こうして三十二年前と全く同じ課題を引き継いで、吉本隆明の「遺稿集」として出版される。

私は、吉本隆明の生き方の多難さに多くを学びながら、同じくそれに自分の人生の多難を重ね合わせて生きている自分に気づいている。どうしても孤立してしまう少数の優れた理解者しか得られないキツい人生だ。これが吉本主義と吉本思想の継承ということだ、と深く腹に念じて生きるしかない。そして吉本隆明の、透徹して極《きわ》め抜いた生き方と思想を次の世代に伝えてゆく。


吉本隆明は、敗北し続けた日本の民衆の、民衆革命の敗北を一身に引き受けて死んでいった悲劇の革命家だ。いくら説得しても理解してもらえることが少ない民衆の側の恐怖心と愚かさに起因する敗北の責任を我が一身《いっしん》に引き受けて、吉本隆明は死んでいった。

ヨーロッパ民衆（労働者）のために闘い続けて、敗北していった、社会主義《ソシアリズム》思想の大成者、カール・マルクスの思想を全身で受け継いだ、偉大なる日本の革命家だった。

（そえじま・たかひこ）

I

3・11／以後

絶えず
いつでも考えています

未曾有の災害の状況が進行中ですが、お前は考えているのかと問われれば、絶えず考えています。いくら考えてもわかんねえってこともありますが、自分なりに、ずっと考えています。

戦争が終わったとき、僕はとても落胆しましたが、思い返せば軍国主義だけはよく学んだけれど、それ以外のことは学んでこなかったじゃないかと思い、本を読みました。『新約聖書』も読んだし、マルクスの『資本論』も古典経済学のアダム・スミスも、自分なりの読み分けができるまで読みました。これから自分は何を警戒し、何を戒めとしたらいいのか。読みながらそれを考え続けました。

そして考えたことの中に、レーニンとスターリンの対決で結末がついた問題もありました。切実な私事と公、どちらを選ぶべきか、という問題です。

レーニンは、ロシアに本当の意味でマルクス主義の社会が成立するなら、その時は共産党は解散しようと『国家と革命』の中で言っています。共産主義の相互扶助、それが成就したら党を解散しようというのがレーニンの考えでした。そして年をとったレーニンが病に伏し、妻が看病しますが、スターリンはレーニンに対し、おまえの妻は党の公事をないがしろにしていると批判します。そこから二人の対決が始まります。

家族の看病や家族の死といった切実な私事と、公の職務が重なってしまったとき、どっちを選択することが正しいのか。東洋的、スターリン的マルクス主義者であれば公を選ぶのが正しいというでしょう。ところがマルクスは、そうではないことを示しています。

マルクスは、唯物論でなんでも白黒つけちまえという論者たちとは異なり、肉親が死んだときの寂しさ、闘病のつらさといった切実なことは、公の利益のよささといったことと別のものだということを「芸術論」で言っています。この「私」をとるのがマルクス思想の本流であり、それは比較や善悪の問題でもなく人間の問題なんだ、というのがレーニンの立場です。真理に近いのはどっちだ、ぎりぎりの時にどっちを選ぶんだとなれば、レーニンの立場を選ばざるを得ないでしょう。

日本でこれと似た問題提起をした人物といえば、親鸞がいます。弟子から「死んだら極楽浄土に行くそうですが、私は少しも極楽浄土に行きたいと思えないのです」と打ち明けられ、親鸞は「現実社会というものは煩悩のふるさとだから、ふるさとを離れがたいのと同じように人間は煩悩から離れられないものなのだ」と答え、オレもおまえと同じだと伝えます。

しかし親鸞は「人間には往《い》きと還《かえ》りがある」と言っています。「往き」の時には、道ばたに病気や貧乏で困っている人がいても、自分のなすべきことをするために歩みを進めればいい。しかしそれを終えて帰ってくる「還り」には、どんな種類の問題でも、すべてを包括して処理して生きるべきだと。悪でも何でも、全部含めて救済するために頑張るんだと。

この考え方にはあいまいさがありません。かわいそうだから助ける、あれは違うから助けない、といったことではなく「還り」は全部、助ける。しきりがはっきりしているのが親鸞の考え方です。（談）

『朝日新聞』「on reading　本を開けば」二〇一一年三月二〇日

精神の傷の治癒が最も重要だ

今回の大地震が起きたとき、私は東京・駒込の自宅にいました。ゆったりとした大きな揺れが長く続いたのを憶えています。

東京で感じた揺れからすると、地震直後の新聞やテレビ・ラジオなどが伝える被害の状況は誇張されているのではないかと思いました。

しかし、それはとんでもない私の見込み違いでした。今では被災地の状況は、メディアが報じる以上に深刻ではないかと考えています。現場にいるアナウンサーはもっと自分の感じたこと、見たことを素直に言った方がいい。メディアでしか被災地の状況を知りえない人々は、もっと重く深く、今回の大震災を受け止めた方がいいでしょう。

なぜなら、今、起きていることの全体像を捉えそこなうと、これからの展望にも錯覚や歪みが生じてくるからです。被災の規模や深刻さを見くびると、高を括ってしまい、誤った方策を採ることになりかねません。

被災地でまず必要なのは、衣食住を早く回復して、被災者が日常生活のリズムを取り戻せるようにすることです。

そのこと以上に、文学者として私が心配なのは、被災者が負った精神的なショックや傷です。その傷を治癒して、被災者の体が元通りに動くようにしていくことが、いちばん重要なことだと思います。

仮設住宅が建ち、津波で流された街も徐々に元に戻されていき、表面的には経済的な復興が着実に進んでいくでしょう。ところが、精神的な傷は見えないために後回しにされ、疎かにされがちです。しかし、その回復には長い時間がかかりますから、精神科医などが今から知恵を振り絞って、被災者の精神的な傷のありかを探りながら、治していくべきです。目に見える経済的な復興と精神の治癒と回復が齟齬《そご》をきたしていかないかにも注意を払わなければなりません。

先進国では戦後、経済に占める消費産業（＝第三次産業、サービス産業）の割合が増加していて、日本でも一九九五年に全就業者に占める消費産業の割合が六〇％を越え、その後も、年々増えています。

そのような消費産業が主たる産業となった社会では、所得を主な指標とした経済的格差よりも、労働時間の格差が重要な問題になります。つまり、あまり心身に負担をかけない労働をしているのに、多くの報酬を得られる人々と長時間、単純ではあるけれども、緊張や疲労を強いられる労働をしているのに、それに見合った賃金が得られない人々に二極化していきます。端的にいえば、都市における二十四時間体制のきめ細かいサービスを維持するためには、膨大なフリーターや非正規雇用者が必要とされます。

そのような労働時間の格差にはもちろん、経済的な格差も伴われていますが、日本をはじめ先進国のような社会では、経済的な格差よりも、労働時間の格差の方がより本質的で解決すべき問題です。

その格差から生じる問題は、従来の経済的な格差を解決するための方法では解決できません。高所得の人から税金を取って、低所得の人々に分配すれば、経済的な格差はいくらか軽減するかもしれませんが、労働時間の格差の解決には、ほとんど役に立ちません。労働時間の格差を解決するためには、社会全体で労働時間をうまく融通し、調整していかなければなりません。

今回の大震災は、日本社会がますます消費産業化し、それから生じる特有の問題に本格的に取り組まなければならない時期に起きました。政府や資本家は特にそのことを認識して、これからの舵取りをするべきです。そうしないと、経済的な復興を急ぐあまりに労働時間は長いが、低賃金しか得られない人々にしわ寄せがいく可能性があります。そうなれば、被災地にも大勢いる、そのような人々の精神状態をさらに悪化させかねません。大震災後も、日本が労働時間の格差という「消費産業時代の病気」に直面していることを忘れずに、大震災後の人間の体と精神、経済のバランスをとっていくことが肝要です。

『文藝春秋』「われらは何をなすべきか」平成二十三年五月号

吉本隆明「東北」を想う

1

三月一一日、ぼくは家にいたのですが、脚が不自由なので外に出ることはできないものですから、激しい揺れが収まった後、すぐにテレビを点けて見ていました。最初は、ずいぶん大げさなことを言うなあと思っていたら、東北地方がとんでもないことになっていて、これは大げさどころじゃねえや、控え目に言っているんじゃねえかと思いました。

ただぼくは、今でも現場感覚といったものには自信がなくて、一度でいいからこの後、牡鹿半島あたりを一回りさせてもらえれば、ぼくなりにきちんと把握できるんじゃないかなと思っています。

これまで想像力でやってきたんだけれども、ぼくらの想像力はあまりあてにはならないのですが、でもそうとう持続して考えてきたつもりです。考えるというのは、日々、想像力を働かせているということですけれどもね。極端なことを言えば、毎日鍛錬していますよというこことはありますから、今回の震災や原発問題に関しても、これがこうだったらこうじゃねえかという想像力は働きます。

ぼくのことを、何もしないでただ座って、好きなことを言っているだけじゃねえかって、皮肉を言う奴もいますけれど（笑）、どれくらい正確で、どこが外れたか、自分なりに分かります。

外れたのは、福島の原発騒ぎのために人間もことがらも、東京の品川あたりまでが大騒ぎになって、すぐに伝わってくるんじゃないかと思っていたけど、そんなことはちっともなかったことです。なんだろうこれはって、そこが大きな勘違いでした。その勘違いをしたっていうことが、今回、役に立ったというか、勉強になったというか、そう思いました。

ぼくはいま、夜一二時過ぎのニュースを聞いて、三時半ごろ寝るというのが日課です。地震の前後もそうでした。だから今頃の時間（午後四時ごろ）は、何も考えてねえや（笑）っていうかね、そういう時間だけど、夜は考えています。自分の想像力と実際とはどれくらい違うか、いつも検証しています。

今度、一番感じたのが、現場感覚が隔離されているということでした。福島であんなにひでえ目に遭っているのに、ここにリアルに届いてこないっていうのが不思議でしようがない。肝心のことが届いてこないんです。隔離してしまうんですね。これは都市の構造が変わったという感じでしょうか。

いくつか、なかなか解決のつかないことが残っていますけれど、夜中の報道機関に出てくる観察者のいう詳細なことと照らし合わせながら、自分の考え違いを修正していく。そういうことは怠らずやっていますが、とてつもない見当違いをしたことは疑いのないことです。こんなはずはねえや、灰のようなものが飛んでくるんじゃねえかということは考えていましたが、全然そんなことはないですもんね。これは勘違いでした。

都市の災害における隔離のされ方というのは、ひどすぎるというよりも、逆に結構なことですよということになるのでしょうが、こんなふうに変わって行くのかと思いました。都市は、これからも発達していくわけですけれども、そうとう深刻な問題を提起するんじゃないかなという感じがします。つまりね、何かが足りないんですよ。

どういうんでしょうか。災害と被害とを、近辺と遠方が感受する感受の仕方が、あまりにも違うその違い方は、何かの兆候だという気がします。ぼくらが言う日本の産業構造が消費産業に移る真っただ中から、一〇年か一五年くらい経ったら、今回の被害がどんなものか、相当はっきりしてくると思います。

今回やっと、分かった分かった、こんなふうに隔離されてしまうのか、それがこれからの問題なのか、ということを実感しました。一番痛切に感じたのはそのことです。

だからお前、現場を見てみろやと言われ、実際に見ることになったら、ものすごく驚くだろうし、自分の考えが変わると思います。その隔離の大きさと言いますか、隔たりのひどさと、さっぱり実感の中に入り込んでこない、そういうもどかしさを抱え込まされたなという感じですね。この状態を適切に解明できたら、時代はひとつ進むという気がしますが、今はその尻尾のところです。

だから、現場に行ってうんと勉強してきたいところですけど、そこまでいかないで想像力とテレビで語られる事実らしい部分との齟齬の仕方といいますか、乖離のしかたと言いますか、そこが一番気になるところだし、この問題はもう少し経つと、はっきりしてくるぞという感じをもっています。そのためにも現場のすげえあり様を、ひと眼でもいいから見て実感して、体験して実感して、という現場感覚があればもっといいわけですが、そういうゆとりがなくて過ぎてしまったという感じです。

ぼくは戦争が終わって、技術的なことがすっかり嫌になってしまったんです。それだけでは気がすまなくなってしまった。今回、魯迅のようにはっきりしたものをもっていたら、何に関心を向ければよいかは決まるんでしょうが、ぼくはそんなふうに鋭敏に決めていないものだから、魯迅のようにはっきりしたものはありません。

得るところがあると言ったら悪いですが、ずいぶん隔離した感じが得るところだったし、これから考える中心になって行くところだと思っています。大惨事があっても、現場の切実さというものが、どうしても都会にいると響いてこない。これはちょっと重要な課題だというのが、ぼくにとっては大きな問題でした。もう少しはっきりしたことが得られたら、もっとましなことが言えそうな気がするけれども、いまのところは、それは止しておいた方がいいんだよという感じはしますね。

2

――「東北」の風土について。「北東北（青森・岩手）」「出羽（秋田・山形）」「南東北（仙台・福島）」と分けたとき、特徴的なことが浮かんでくるのではないか。

東北地方をいま言われたように、文化・風土の違いで「北奥羽（青森、岩手）」と「出羽（秋田、山形）」、北関東に近い「仙台・福島」と三つに分けて考えるというのは結構ですね。

秋田の半島を超えると、少し、何かあるよという感じは前から持っていました。文化的に言ってもそうなんじゃないか。言葉もそうなんじゃないか。秋田というのは、ぼくのなかでは一番分かりにくいところだなというか、分かりいいというか分かりにくいというか、どっちとも言えるところです。

関東平野と関連させると、秋田というのはわりと分かりやすいよ、ストレートに近い感じがするよ、という感じがあります。半島を超えて、(1)仙台みたいなところと秋田を関連させると、そちらの方にも近い印象があって、これはなかなか難しいところだなという感じですね。印象としては両方持っています。これは交通の関係でそうなんじゃないか、どちらとも言っていいんじゃないか、と考えています。

半島の最先端を超えて青森のようなところに行って、太平洋の仙台方面に来る流れと、むしろ北関東とか、東京のようなところと関係させる方が早いよというように、秋田にはそういう感じをもっています。それはおんなじことだよ。何が同じということになるかは、なかなか難しいところですけれども、同じことだよと思いますね。どう言うんでしょうか。近代以前の文化や農耕、言語が、根底まで行くと同じものだよ、似方は同じなんだよという感じは、以前から持っていました。

だから文化の系統としては二つですね。一つは、半島を通って仙台のほうへ行くという行き方。それからそんなふうには行かないで、まっすぐに陸地を通って北関東につながっていく行き方。文化の移動の仕方も、人間の移動の仕方も、その二つがあるんじゃないかと思います。

それから北東北というのも、また分かりにくいところです。たとえば横にストレートに移動するというのは割に新しいもので、宮沢賢治なんかは、釜石と石巻のような横のつながりもあるし、半島を超えて行くだけではなく、北関東に降りていく縦のつながりもあるんだよ、というあり方を見せていますね。半島を越えて太平洋につながっていく文化の系統なのかと思うと、北関東とストレートにつながっている文化の系統もあって、両方あります。

これは人類学的な問題として考えた方がいいから、そうとう古い時代にさかのぼらないといけなくなる。日本の文化でいえば、日本語のいわゆる東北方言と、中国語の——これは、どこだと言えるほどこちらも知らないのですが——、直接中国本土の言葉とつながってできている、という考え方と、二つできると思います。程度の問題はあるけれど、同じだよ、半島の北をめぐって反対側まで来ちゃったというのと、いやそうじゃない、岩手や秋田は、まっすぐ北関東とつながる傾向がある文化的地域であって、これは同じだよ、両義的だよということですね。

産業でいえば漁業に関係すると思います。漁師さんたちはそういう経路を通って魚を採っていたから、両方考えないといけない。両方が混合しているだろう。そういうようなことは、言うことができると思います。

それが人種的にはどうなるんだということになってきますと、たとえば人でいえば、高村光太郎の親父さんの光雲さんとかは北関東の人たちですよね。北関東の人で、北関東の文化と言ったらいいのか人種的傾向と言っていいのか、どちらもあるんでしょうけれど、傾向としてはあの人たちは北関東の人たちです。北関東から東北の方に、秋田県の方にという、そういう傾向をもっている人です。

そうじゃなくて、まったく太平洋側から移動して行った人たちもいて、この人たちは漁業とか、それに関係のある産業、田の草取りと同じように海藻を採って乾していた、というような、そういう傾向の人たちも太平洋側から関東に移動して来ている。海の人、陸の人といえば分かりやすいと思いますが、両方の傾向と系統があるということです。

日本の文化の傾向でいうと、中国文化の文字とか言語とか、それがやや独立して、日本語の初めのようなところに行きかけたところから始まっている傾向じゃないでしょうか。それから日本列島だけではカタがつかなくて、南北アメリカ大陸の先住民の流れから来ている。これは太平洋側に多くあるように思います。でも、両方にはっきり分かれていくわけではないだろうというのが、ぼくの勝手な解釈です。海の人にも陸の人にも、それぞれに両方の傾向があると思います。

東北の人が持っている特徴といいますか、宮沢賢治なんかもそういう人ですけど、あの人が持っている頑固さというものは、東北特有の頑固さですね。思想的なことで言えば、右翼と左翼は同じだということで、今でもそういう傾向はあります。ぼくの友達の左翼なんかでも、マルクスという大きな山を経てつながっているというよりも、風土的貧困とか、気候の寒冷性、それから人種ですね。それから、なんだおめえの言っていることは右翼と同じじゃねえかと、今ならば、おまえ左翼と同じ考え方じゃねえか、とそういうふうに言われてしまう要素が、東北の思想傾向にはあるわけです。

日本人は誰もがマルクスという大きな山を越えているわけではないですから、みんな端っこだけ捕まえて、自分たちの生活形態と似ているとか、考え方とよく似ているとか、そういう影響の受け方が多いでしょうが、右と左で山を越えているという違いではないんです。山を越えて、はっきり違っているということはないので、だから、こういう場合になったらこっちに行くとか、こういう社会情勢になったらこうなるとか、こうなったらこっちが盛んになる。両義性です。そう考えた方がいいんです。東北の思想傾向にはそういう両義性というものがある、ということが言えるのではないでしょうか。

宮沢賢治という人は、あたうかぎり当時のマルクスを勉強し、マルクス主義者が持っていた知識と同等のものを持っているわけです。けれどもそれを打ち出す段になると、完全によけてしまうのです。あの人はよけているんですよ。でも知っていたと思います。つまり宮沢さんにとって、日本に入ってきたマルクス思想、日本に入ってきた逆な意味での右翼的思想、これはおんなじだよということですね。

たとえば「二・二六事件」のとき、たしか二人ほど東北出身の将校がいたんです。ぼくの記憶ではそうです。(2) 東北の当時の思想で、左翼的な傾向性といいましょうか、色合いといいましょうか、それをもっている人は数えるほど少なかったはずなんだけど、たしか「二・二六事件」の叛乱軍に、東北の人で将校の人が二人いたはずです。

そういうことを考えると、両義性というものに対して、世界的に席巻できるようなある大きな思想の山があって、そこを中心として、こちらの人はこっちにいて、反対の人はそれを超えたところでこっちにいるという思想ではないのです。

もう少し前の日本列島のまだ未分化なところが残る、どこの影響とも言えない、またどこの影響をもこうむることができる、そういう時代からの名残を考えていけば、それはたやすく分かるという問題です。

けれども、マルクスという大きな山を越えてこちらに行くか、(反対側の)こちらに行くかということになると、東北の人は両義的で、どちらへでも行きますよということですね。時代の傾向によって違いますが、貧困と産業の問題、地域的に寒いという天候・気候の問題、農産物に与える影響。そして反支配的傾向があるとか、反お金持ち的であるとか、そういう意味では共通性があると言えると思います。

3

ぼくなんかは、文学のことしか分からないんですけど、宮沢賢治という人は大変に勉強家で、この人の文字で書かれた思想の動き方を見ていると、やはり両方がありますね。文化でいうと、北関東といいますか、関東平野にストレートに下りていく文化と、南北アメリカから移動してきた文化と、両義性がありますね。

あの人は仏教家だから、そういうことは自分でも心得ていて、マルクスに触れた言葉が一つか二つ、詩の中にあります(3)。そこではマルクスを南の方の思想傾向として関連させて言えば、そちらに近い文化の傾向として宮沢賢治は捉えていますね。宮沢賢治には、割合に南方的な要素が濃いと思います。

あの人は大変な勉強家ですから、当時の日本のマルクス思想やマルクス主義の傾向はちゃんと心得たうえで、おれはこれには触れないよ、どう思っているかはおれの領分じゃないよ、ということを言いきって思想形成をしています。それを意識してしまうと、本当をいうと、日本の風土に関連する思想傾向としては行くところがないのです。だからあの人は、天上の方に行くわけです。

　科学的知識を持っていますし、星雲系の傾向の天文学的な勉強もたくさんしていますし、そういう意味では、上に行くか下に行くかしかないじゃないかというところで、宮沢賢治は上に行ったんだと思います。だからあの人は、銀河系という、非常に大きな思想を自分の主張として持っているわけです。

　ほんとうならばといいますか、銀河系のことについて言うくらいならば、南北アメリカの方からやってきたと思えるマルクスの考え方を、自分の中に取り入れるというか、混合すればいいじゃないかと思えるけれども、あの人はそれをぴたりと意識して振り分けたのです。宮沢さんも同じ人民のための思想であり、農業、工業、養蚕業、水産業に、貧困性からくる思想傾向だけれども、そこからマルクスの思想やマルクス主義的な思想を、知っていて切り離しているわけです。

　じゃあどういうふうに思想というものが成り立つかというところで、宮沢さん独特の方法になるのですが、銀河系を根源とすれば、思想において日本列島は北の方の果てに入ってくる。宮沢さんの思想はそういう両義的な、北の思想にも南の思想にもなり得る。どちらの思想にもなり得る。それを自分の勉強と、生活のやり方と、二つをきちんと区分けしながら、マルクスにおれはあまり触れないよという、つまり文字として残るものでは触れないよということを、宮沢さんは意識していたと思います。

詩のなかに、たしか一つか二つあって、ぼくの頭に残っている文句でいうと、「新たな時代のマルクスよ」という文句(3)があって、南方系の要素と関連して進んでいけという、そういう文句として受けとれる詩があったと思います。

この、南方系の思想と一緒に進んでいけと受け取れる文句は、あの人が、自分の考え方の北方的な要素と、南北アメリカの方から流れてくる思想、つまり未開未明思想の要素というよりも地域的な要素ですが、それを意識して区切っているところだと思います。そこが宮沢さんの特徴でもありますし、日本の東北における左翼系の思想が、両義的な傾向を深くもっていて、どちらにでも行きますよという東北特有の思想ですね。それは必ずしも農耕と漁業だけに関連するというわけではなく、風土全体の流れとしてそこに関連するという要素が多くなっている点じゃないかと思います。

そこのところがうまく先史学といいますか、歴史以前の関東と関西と、南の方の、どこか分からないけれど海洋思想と言えば海洋思想の混合する仕方から判断して行った方が、分かりがいいよという要素ですね。このあたりのことを宮沢さんはだいたい呑み込んで、そのうえで分離しているという感じは、どうしてもしもします。

宮沢さんの頑強さとか頑固さというのを、思い切って悪口で言ってしまうと、東北の固有性というものとして考えてもおかしくないものですね。

頑固で、普通にいう言葉でへそ曲りと言いますか、そういうところが宮沢さんには若い時からあって、これは宮沢さんの思想の大きな要素であると思います。宮沢さんを東北思想にしている、非常に大きな要素はそういうへそ曲がりの要素と、天文学的、農化学的要素を勉強してもっていたという、その二つの柱からできている思想だと思いますね。

4

宮沢賢治の思想の根本、死生観と言ってもいいでしょうけれども、あの人の「銀河鉄道の夜」のような童話作品もそうだし、イーハトーブという地名を岩手県につけて、銀河系の一つだという考えをストレートに出しているところもそうです。

それは宮沢さんの大きな特徴であるし、マルクスと自分とをきっぱりと分ける場合、どこで分けられるかというと、時間として分けるべきものを空間として分けているという点ではないでしょうか。

だから宮沢さんの基本的な主張からいうと、生と死というものを分けることは滑稽だといいましょうか。生と死を分けることは仏教では大問題であり、これまでの宗教の根本にある問題なわけですが、あの人は、そういう考え方を変えたくてしようがないわけです。

人間個々の生死というのは大した問題ではない。生と死を続けて考えられるとしたら、続けて考えたほうがいいじゃないか。続けて考える空間・場所は、明瞭にある。そのことを、あの人はよく知っていたように思います。

銀河系というようなことをいうときには、科学的根拠もあっていうのでしょうけれども、それ以外にも、生死の区別をしたくない、自分たちがあったときから銀河系はあったし、なくなったらなくなる。それでいいじゃないか。

それくらいのところで、生命観といいますか、死生観といいましょうか、そこで分ければ結構だといいましょうか。あとは分ける必要はない。宮沢さんはそう考えています。死んだらあの世で、生きているときにはこの世であるというのは、大方の宗教などではそうですが、無理にそんなふうに分ける必要はないのではないか。

それを根本的に言うと大問題になるものですから、童話とか詩とか、自分の修練の仕方とか、言葉とか、そういうものとしては分けてはいるのですが、あの人の宗教では、本当は何も分けていないよという気がします。

詩人の黄瀛《こうえい》が(4)最後に宮沢さんと会ったという話があります。彼の書いた本のなかで、ここは違うよというふうにぼくらに思えてならないのは、黄瀛の理解の仕方は東洋的と言ったらいいのか、仏教的と言ったらいいのか、そういう理解になっているところです。宮沢さんの生死についての考えの違いは、むしろそれを避けよう避けようとしているところです。

あの人は、生死は分けない。とくに人間個々の生死を分けるというのは意味のないことだ、銀河系とともにあって、滅びるときも銀河系とともに滅んでいく。それでいいじゃないか。死するということはそういうことである。銀河系宇宙が解体する地点までが生きるということで、それ以前はすべて人間の生の軌跡なんだと考えればいいんじゃないかというのが、たぶん、宮沢さんが考えていたことなんじゃないでしょうか。

ところがそれは、人類の古来からの死生観に対して根本的な異議を呈することになってしまうわけです。それに対してあの人は大げさなことは嫌いだから、そういうふうには思われたくはなくて、生と死はきっぱり区別できるものではないんだとか、人間の肉体性は初めから、何かで突っつけばすぐに死んでしまうような、そんなはかないものなんだという言い方をしている。

もっと端的に言えば、人間は、そんなふうに生きたり死んだりしてしまうような、そういうものではないんだよ、銀河系が存続するならば存続するし、その時間まで人間は生きる、銀河系がなくなればそれまでなんだよ。存続するまでは存続するし、個々の人間が一〇〇年くらいの間で死ぬとか死なないというのは、あまり重要じゃないんだよっていう、そういうふうに考えていたのではないかと、ぼくなんかは思います。

だけど黄瀛は中国の人だし、仏教の盛んなところの人だし、仏教の思想が満ち満ちている人だから、宮沢さんのように、そこまでは言いたくなかったことはあるんじゃないでしょうか。

宮沢さんは、一種の、なんて言うんだろう、とくに左翼系の人たちからは山師だと言われるに決まっているわけで、そういうことではなく、生死を、個々の人間のこととして言ってしまうとすれば、短いといえば短いし、長いといえば長いですね。そういう意味合いでは、人間に生死が何だというのは、なかなか難しいことです。それよりも銀河系が存続するときは、人間の生死も存続する。そう考えた方がいい。

仏教のように、生と死を区別して個々の人間が存在する、という考え方をもしとるとすれば、その何がおかしいか。人間は個別的にしか死に得ない存在です。何か事件でもあれば別ですが、そうじゃないかぎりでは、人間は個々別々な生命であり、別々に生まれているし、別々に生きている。しかし、生死を一人の人間の寿命、個人の寿命として考えるのはおかしいんじゃないか。

たしかに一番分かりやすいのは、そういう、生死を個々の人間のものとして見る見方です。じゃあ、人間の生死というのはなんだ。Aという人間の親父さんが八〇歳で死んだ。Aという人間の子どもも八〇歳で死ぬかといえば、それは何も決まっていない。誰も決めることはできない。

生死を個々の人間のものではなく、いままでの人類の、類としての、種としての寿命からいうのもおかしい。個人の生死としていうのもおかしい。じゃあどこで言えばよいのかというと、銀河系はいずれ消えてなくなってしまうに違いない、そのときに人間は死にます。たぶん死滅しちゃうよ。それが生死についての確かな考え方であり、あとは個々の人間で違いますよ。宮沢さんは、そう考えていたと思います。

偶然いい薬を飲んだから生きたというように、偶然性がたくさん重なり合ってできている。宮沢さんは特にそうで、銀河系というイメージがあったから、銀河系が死ぬときが人間の死であるということが生死について言えることであり、あとは個々の人によってみんな違う。偶然も必然も含めて、訪れる死というものはすべて違う。こういうことを統一的に、これが人間の死であり、これが生であると決めつけてしまったり決定づけてしまったりすることは、本当は誰にもできない。それが宮沢さんの考え方なのではないでしょうか。

そこは黄瀛《こうえい》が、いくら考えても分からないと言っている、そういうところではないでしょうか。いまだっておんなじで、ぼくならぼくがいつ死ぬかというと、八〇いくつだから、まあもうすぐ死ぬでしょうけれど、何年の何月何日に死ぬということは絶対的に言えないわけです。宮沢さんの考え方のように言えば、銀河系と一緒に死ぬんだということであり、それまでは生きるさ、ということです。個々の人間は鎖の一つみたいなものであって、全部でもないし部分でもない。そういうふうに考える方が、宮沢賢治の思想としては考えやすかったのではないでしょうか。

とくにとても重要なことなんだけど、触れてもしようがないし触れなくても同じなのですが、個々の人間の生死は決定づけることができない。そのことは自明の理であって、そこが宮沢さんの考えの一番の根底にあった。だから仏教はだめだし、そこまで行くと宗教はだめだ。科学もそうだし、次の社会には自由で平等な時代が来るというような考えも宗教で、そんなことは誰も分かりはしないし、誰も予言できない。そんなことをいうのは宗教と同じで意味がない。まして個々の人間を考えるかぎり、そういうものは意味がないことなんだ、というように、宮沢さんの思想のなかの無神論的要素とつながっていると思います。

そうした両方の要素が宮沢さんの思想にはあって、宮沢さんはよくそれを分かっている。当時は、銀河系は天上に見えるものでしかなかったし、そのなかの流星のある部分に自分がいる。それだけのことしかいえない。宗教もだめ。未来もだめ。未来という考え方のなかには、どうしても宗教のようなものが入ってきてしまう。それが宮沢さんにとっては曖昧に思えたのではないでしょうか。

どうせ未来というのなら、銀河系の終わりまでいって、ここが未来の終わりさ、と言えばいい。個々の人がいつどうなるかというのは、まったく決定することができない。そういう考え方から宮沢さんを見ていけば、無神論と言えば無神論なんだけど、本当にそうなんだからしようがないじゃないか、ということになるわけです。個々の人間はいつ死ぬか分からない。また、どれだけ生きるかも分からない。だれも決めることはできない。ちょっとした薬の加減で、どうかなるかもしれない。そういうイメージです。

何が決めるのかと言えば、いずれ銀河系宇宙が消滅することは自明の理であり、人間の死も自明だと言いたいならば、銀河系宇宙とともに死ぬよ、と言えばいい。あとは個々の人間のことで、一般性としていうことはできない。いくら科学が発達しても、銀河系宇宙がある限り生きていくけれど、それ以外は、個々の人間は鎖のようにつながって、銀河系宇宙が死滅するまでつなげていくという考えしかできない。それが宮沢さんにとっては、宗教よりも大切な問題だったんだと思います。

黄瀛がいくら中国的仏教の立場から聞いても、分かるはずはない。そういう問題だったし、事実、そこは曖昧にしか理解していないとしか受取れないですね。宮沢さんの方は非常に根本的な問題なんだけど、一般に宗教は個々の人間の生死が根本的な問題だと考えている。宮沢さんは、そうじゃないんだ、偶然も必然も交えて、個々の人間がどこかで死ぬということは宗教にするほど重要な問題ではない。極端に言えば、そういうふうに思っていたんじゃないでしょうか。

ぼくにはそう思えるようになりましたね。こういうことを言うと、怒る人はたくさんいるかもしれませんけれどね。

5

花巻には、ぼくは三回ほど行っていますが、東北のどこの地方もこんなもんだなという感じで、特別な印象は受けませんでした。米沢にも二年半くらいいましたけれども、どちらも山の近くの盆地だし、米沢も花巻も変わりませんね。花巻は低い土地で、周りの風景も、低い山が続き、小さな川があって、これもそう他と違っているとは思えませんでした。

宮沢さんの詩を読むと、こんな平凡な風景を描写しているんだけれど、実際に見えているより、眼を移動させ、体を移動させながら違った角度から見ているという印象よりも、ざーっと風景がつながっている。描写するのも、ものすごく速い。

普通の目で見れば、ここに山があり、高い山の次には低い山があって、また高いところになり、川が流れている、というように順序づけられるわけですが、宮沢さんはその順序付けが速すぎるから、ゆったり書いたりしていますけれど、あの人の見るスピードはものすごく速いんです。言葉をしゃべるスピードよりもずっと速い。まして意味を形成する以前の言葉のような、音だけの言葉で自然を見ていると感じるくらい速い。平凡な自然なんだけど、自然よりも速く見ている。

それはなんなのか。ぼくらのように特別な才能もないし、特別な修練もしていない普通の人間からすると、この山の後ろには何があり、次にはどんな山があり、次には小さな川があって、また山があってというように、順序よく人間の感覚は捉えているのですが、宮沢さんは順序よく見ている速さより、もっとずっと速く見ている。

どうして速く見ることができるのか。たぶん、お経を読む独特の速さが根本にあるでしょうが、目の前の自然が飛んでしまうくらい速い言語の使い方を、あの人はずいぶん修業している。それを自分でも知っていたと思います。お経を読むのと同じ速さにしてやろうという修業をしたのではないかとぼくは思うんだけれど、とにかく速いんです。それがあの人の特徴です。

自然の移り行きを人間の感覚で見ているのではなく、人間の眼がとらえる速度が速ければその自然の風景自体も速く映るし、修練すれば速く見ることができるようになります。速さを体得する修業をし、言葉から音述のようなものを残しながら、意味の水準では、頭には入るかもしれないけど、言葉に出すというところまでしなくても、自然に分かる。移動させようと思えば移動することができる。そういう特別な修練が必要でしょうし、宮沢さんは人には言わないけれども、そういうことをやっているんだと思いますね。

お経を読むように、声をあげて言葉を通っていくという修練の先に、そういう自然の見方をやったんだろうなと考えられます。そうじゃないと、例えばぼくならぼくの感覚の通り方とか、風景を見る感覚の映り方では、いくらやっても速くならないですよ。これの次には何が見えたとか、順序よく分かる程度です。ところがあの人は、音がすれば（声を上げれば）、風景も目に映っているというような速さですね。

仏教のお経を唱える専門家の坊さんの速さに比べ、普通は、声にして読むときにはだいたいゆっくりしていて、速く読む人はめったにいないですね。言葉を唱えるとき、無理に速くしないほうが伝わりやすいわけです。ゆっくり言葉を唱え、唱えた言葉の意味が相手に伝わる。ところがそれよりも速く唱えても、聞いている相手に伝わるものがある。言葉の意味ではなくて、音の快であったり、風景の世界を、どう描写することができるかという修練が、速くさせたんだと思いますね。

意味として言葉が相手に通るか通らないかよりも、音の抑揚、七五調とはまた違うんですけれども、七五調も意味を伝えているわけですが、七五調や意味を伝えるのではない唱え方ですね。仏教でもやる機会がありますから、その唱え方を宮沢さんはよく修練していると思います。

最近中国で、ある宗教が、公の宗教から、中国共産党公認の宗教から除外されたという事件がありました。あの宗教の唱え方は、日本であれば七五調で唱えるところですが、音で唱えているので、意味が相手に通じるか通じないかは二の次である。音で唱えている。音の抑揚で、修業をしている人は、何を唱えているのか、どういう意味のことを唱えているのか、意味は分からなくても音で分かってしまう。そうした分かり方ですね。そういうやり方でしか通じないよ、という唱え方をしていました。

ぼくは一度、ダライ・ラマがお経を唱えているCDを聞いたことがあります。お聞きになったことはないですか。聞かれると、そういうことがとてもよく分かると思います。ダライ・ラマは、七五調のような、意味するために音を出しているのではない唱え方をするんだけど、聞いていると、「わあっー」という凄い迫力があって、この人はどのくらい仏教を修練している人か、それだけは分かるのですね。ＣＤが出ていますから、買ってお聞きになるといいですね。

日本のお経は、七五調の崩れとして音が成立していることが多いのですが、ダライ・ラマの「わあっー」と唱える声は、意味なんかは通じるはずはないのに、膨大な意味を象徴的に伝えてくるものがあります。オウムの麻原さんのマントラは聞いたことがないけど、ダライ・ラマの声は、すげえもんだと思いますね。麻原さんも、ダライ・ラマの弟子だと言っていたんだから、もっと修業すれば凄いものになったのかもしれないけれど、ダライ・ラマの声は、聞いていると、意味は分かるわけはねえのに――向こうは分かって唱えているんでしょうけれど――抑揚だけはこちらに伝わってくるんです。

その抑揚から、この人は相当な人だよということは分かります。抑揚を聞いているだけで、えーっという感じです。この人の奥底から、どのくらい〝人間離れ〟ができているかというのか、どう言うんでしょうか、人間性の何かが伝わってくるんです。聞く価値があると思いますね。

大変な人だねと言ってどこが大変か、どう言えばいいのか分からないんだけど、抑揚だけは分かります。意味ではなくて音なんだと言うと音楽になってしまうのですが、音楽のように分かりやすくないというか、簡単じゃねえよと思います。大変な修練をしている人だなということはよく分かりますね。

宮沢賢治の詩も、本気になるとそこにいってしまいますね。だけど、読む方の人たちはちっとも本気ではやっていないんではないでしょうか。傾倒している人にはよく分かっていることなのかもしれませんが、ぼくらには、えーっとしか言いようがないですね。

ダライ・ラマも、この人はどう生きていて、どのくらいのことができる人か、言葉の意味ではなくて、抑揚とか調子だけで相手に伝えることができるのは、そうとうな修練を積まないとできないでしょうね。例えばソプラノの世界的な歌手だという人の歌をテレビで聴いていると、この人は相当やるね、へえーっという感じを持つことがあります。普通のソプラノ歌手も深夜にテレビに出てくることがあって、それを聴くこともありますが、それはまるで違いますね。言葉が分かるわけではないですが、まったく違う、何かは分かるという感じはあります。

ダライ・ラマもそうで、何とも言えない通じ方をしますね。これに凝って行ったら、とめどないぞという感じがします。宮沢さんはそれをやっています。どのくらいの境地でどれくらいの腕があるかは聞いていないから分からないけど、修練はやっています。ぼくも一時期詩を書く修練をしたから、これはすごいや、という修練をしている感じがあります。

詩を文字で書くことと声を出すことは、まるで違います。声でいくら言えたって、詩で言えるかというと言えないんですね。宮沢さんは、書くことと音とがちゃんとつながっている。そういう修練をしています。すると音でも、これは何かなんだよなと思えるのです。何かが伝わってくるのです。

そういうとき、「宗教家としての宮沢賢治」と「詩人としての宮沢賢治」が一致している、ということだと思いますね。教え子の農民が、田を耕しているとか田の草取りをしていると いった言葉が詩に出てきますが、そういうときには普通の詩人で、特別のことはないのです。しかし、たぶん宗教家としての宮沢賢治は本気になってやっていると思います。ぼくらだったら意味が分かるということと同じことを、声を出すということで分からせてしまう、そういうところまでやっているとぼくは思います。

書くのが速い、風景の成立を捉えるのも速い。場合によっては自然物を見ながらやっているよりもっと速い。そういうところがあるんじゃないでしょうか。そのときには、自分は詩人ではなくて宗教家なんだということを、あの人は譲らないですね。詩人であるとか、童話作家であるとは言わないで、自分は宗教家ですと言って、それ以外のものは迷いの果てなんだということをそばの人に言っていますね。

そこがあの人の特徴なんで、普通の詩人よりも、一つ余計な修練をやっている証拠だろうな、と僕は考えるんですね。

ぼくは、青森の恐山にも行ったことがあり、口寄せも聞いたことがあります。同じ町内の、古くから建っている建物を代々継承して、自分でもっていることなんじゃないかと思いますが、何とも言えないものがあって、やはり宗教ですね。あれも音の抑揚だけですね。

宮沢さんが、人のいないところでお坊さんになりきってお経を唱えているのは、同じなんじゃないかと思いますね。ぼくらには、ばかに速いな、ということしか感じられないのですが、それ以外に伝わってくるものがなにかあって、聞いていて何とも言えない気持ちにさせますね。

ダライ・ラマのCDを聞いた話はしたのですが、へえーっとしか言いようがないよこれは、という感じですね。普通の音でもない。意味でもない。七五調のようにくり返し出てくる抑揚でもない。何とも言いようがないですね。やっぱり、凄いもんだなと思いますね。宮沢賢治の講演をぼくは聞いたことはないけど、もし講演を聞くことがあったら、声は分かる、抑揚は分かる、あとは分からない。そう感じられたかもしれません。

風景があって、その風景を詩の言葉で描写する。たんに、そういうものではない。そのことは分かる。それ以上、どうすればこういうふうになるか。それはぼくには分からない。境地が高いか低いかとか、そういうことではないし、仏教者として優れているということでもないかもしれないですね。宮沢さんは、ぼくには仏教者として特別な人だというふうには思えないですね。

それから、カーネギーホールで美空ひばりに歌わせてみるやつはいないのか、とぼくは思っていましたけど、あの人を歌わせたらきっとすごいことになるのではないでしょうか。坂本龍一さんに、どうして美空ひばりに歌わせないんですかと聞いたら、イエローマジックオーケストラの人たちは、ゲロが出そうだ、と一言のもとにはねつけていましたね(笑)。だけどぼくは、そうかな、と思いました。どこがどうでゲロが出そうなのか、もっと言ってくればいいんだけど。

まあぼくらとは別の所で聞いているんでしょうけど、何がいい音楽なのか。何がいい声なのか。そういうことに対する考え方が、天と地ほど違っているんでしょうね。初めから受け付けない。受け付けるちょっと手前で止めてしまっている、ぼくにはそう思えるんですね。受け付ける受け付けないというところは、宗教と似たところがあるのではないでしょうか。

美空ひばりはぼくなんかから見れば、すげえなこれは、と思うことが多いんですけれど、そこはやはり違うんでしょうね。だから、何とも言えないんですけれど。

(1) ここでの「半島」とは、津軽、下北両半島のこと。

(2) 河野司編『二・二六事件』(日本週報社・一九五七)によれば、対馬勝雄・陸軍歩兵中尉は青森県青森市出身、林八郎・陸軍歩兵少尉は山形県鶴岡市出身とある。また異説では林八郎は東京赤坂生まれ、本籍鶴岡市とある。いずれにしても吉本隆明氏が「二名の将校」と考えているのはこの両名と思われる。

(3)「断章七」(宮沢賢治全集2　ちくま文庫版 三〇三—三〇四頁)。

新たな詩人よ

嵐から雲から光から
新たな透明なエネルギーを得て
人と地球にとるべき形を暗示せよ

新たな時代のマルクスよ
これらの盲目な衝動から動く世界を
素晴らしく美しい構成に変へよ

諸君はこの颯爽たる
諸君の未来圏から吹いて来る
透明な清潔な風を感じないのか

（4）黄瀛《こうえい》（明治三九年―平成一七年：詩人）父は中国人で、母・太田喜智は八日市場出身の日本人。幼くして父を亡くし、母に連れられ来日、千葉県八日市場に移住した。東京の正則中学から大正一二年に青島日本中学校に編入。詩作を始め、寄宿舎で高村光太郎『道程』や中川一政『見なれざる人』の詩集をむさぼり読んだとある。その後陸軍士官学校に進学、昭和四年には岩手県花巻に住む宮沢賢治を訪ねた唯一の東京在住の詩人と言われた。卒業後に国民政府駐日研究員として中野の軍用鳩調査班、中国に帰国して後南京で軍政部鳩通信隊に勤務し軍用鳩の研究や訓練に従事した。（Webサイト「里庄歴史講座　赤松月船」における配布資料。倉敷芸術科学大学紀要第一二号、定金恒次氏の論文「赤松月船の後進育成―黄瀛、木山捷平、太宰治、藤原審爾を育てる」より抜粋引用）

（二〇一一年四月一九日、二六日、東京、吉本氏自宅にて収録・聞き手・編集―佐藤幹夫　編集・校閲協力―小川哲生）

『飢餓陣営』三六号　二〇一一年夏号

科学技術に退歩はない

雨がポツリポツリと降るなか、路地奥の行き止まりに自宅はあった。案内されて和室で座布団に座ると、隣には白い猫が一匹。吉本さんは四つんばいで現れた。糖尿病や前立腺肥大、足腰の衰えなどで、体が不自由な状態にある。日本の言論界を長年リードした「戦後最大の思想家」は、そのまま頭が床につくくらい丁寧なお辞儀をした。白内障の目はこちらをまっすぐ見つめていた。

東日本大震災の取材で歩いた現場を「焼け野原にも似た光景でした」と伝えると、聞こえにくくなったという耳に神経を集中させていた吉本さんは静かに語り出した。「おっしゃったような光景から東京大空襲を思い出します。友達を捜すために焼け野原を歩きました。煙に目をやられた人々がトボトボ歩き、周囲には遺体が転がっているだけでどうにもならない。逃げた方向によって全滅に近い地区もあったと思います」。何かを訴えるように両手を動かす。

東京・月島生まれの詩人であり、文芸評論家。政治、経済、宗教、哲学、カルチャー……あらゆる分野にわたり、出した本は三〇〇冊以上。一九六〇〜七〇年代には多くの若者の支持を集め、今も言論界で活躍する。「知の巨人」とも呼ばれる。

吉本さんは大震災について「僕は現場まで行くことができない。戦争では戦闘の近くまで出かけていき実感しているけれど、今回は距離の隔たりがある。避難民がもっとごった返している場面を想像していたんだが、ポツンポツンとして静かな感じがする……」。

ふと、二〇〇四年に出版された吉本さんの著者「人生とは何か」の一節を思い出した。

〈(体は)ボロボロの状態です。「老いる」ことと「衰える」ことは意味が違いますが、こんな状況になったときには、死にたくなっちゃうんですよ。年を取って、精神状態がある軌道に入ると、なかなか抜け出せないのです。僕は死のうとか、自殺しようとまではいきませんでしたが、「これは生きている意味がないんじゃないか」ということは、ものすごく考えましたね。(略)結局は、その状態を自分自身で承認するほかないのです……〉

まずは現実を受け入れ、そこから始めるしかない。今の東北の被災者に似ている、と思った。

吉本さんは一九八二年、文学者らによる反核運動を批判する「『反核』異論」も出版している。その中で核エネルギーについてこう記した。

〈その「本質」は自然の解明が、分子・原子（エネルギイ源についていえば石油・石炭）次元から一次元ちがったところへ進展したことを意味する。この「本質」は政治や倫理の党派とも、体制・反体制とも無関係な自然の「本質」に属している。（略）自然科学的な「本質」からいえば、科学が「核」エネルギイを解放したということは、即自的に「核」エネルギイの統御（可能性）を獲得したと同義である〉

東京工業大出身の「知の巨人」には、科学技術に対する信頼が底流にあるようだ。「原子力は核分裂の時、莫大《ばくだい》なエネルギーを放出する。原理は実に簡単で、問題点はいかに放射性物質を遮断するかに尽きる。ただ今回は放射性物質を防ぐ装置が、私に言わせれば最小限しかなかった。防御装置は本来、原発装置と同じくらい金をかけて、多様で完全なものにしないといけない。原子炉が緻密で高度になれば、同じレベルの防御装置が必要で、防御装置を発達させせないといけない」

目線はぶれることなく、記者を向いている。こちらは専門的な内容を頭の中で必死に整理し、質問する。

「福島の土地に多くの放射性物質が降り注ぎました。二万以上もの人々が住んでいた場所から避難していますが」と問うと、吉本さんは「ひどい事故で、もう核エネルギーはダメだという考えは広がるかもしれない。専門ではない人が怒るのもごもっともだが……」と理解を示しつつも、ゆっくり続けた。「動物にない人間だけの特性は前へ前へと発達すること。技術や頭脳は高度になることはあっても、元に戻ったり、退歩することはあり得ない。原発をやめてしまえば新たな核技術もその成果も何もなくなってしまう。今のところ、事故を防ぐ技術を発達させるしかないと思います」

吉本さんの考えは三十年前と変わっていない。『「反核」異論』にはこんな記述がある。〈知識や科学技術っていうものは元に戻すっていうことはできませんからね。どんなに退廃的であろうが否定はできないんですよ。だからそれ以上のものを作るとか、考え出すことしか超える道はないはずです〉

話し始めて一時間半、卓上の緑茶をすすると、ぬるかった。家の人が熱いお茶をいれ直してくれた。吉本さんは手ぶりがつい大きくなり、湯のみをひっくり返した。記者がティッシュで机をふいた。

「人間が自分の肉体よりもはるかに小さいもの（原子）を動力に使うことを余儀なくされてしまったといいましょうか。歴史はそう発達してしまった。時代には科学的な能力がある人、支配力がある人たちが考えた結果が多く作用している。そういう時代になったことについて、私は倫理的な善悪の理屈はつけない。核燃料が肉体には危険なことを承知で、少量でも大きなエネルギーを得られるようになった。一方、否定的な人にとっては、人間の生存を第一に考えれば、肉体を通過し健康被害を与える核燃料を使うことが、すでに人間性を逸脱しているということでしょう」

いつの間にかいなくなっていた白い猫が、再び部屋に入って座布団に寝転んだ。吉本さんは気づいていないかのように続けた。「人類の歴史上、人間が一つの誤りもなく何かをしてきたことはない。さきの戦争ではたくさんの人が死んだ。人間がそんなに利口だと思っていないが、歴史を見る限り、愚かしさの限度を持ち、その限度を防止できる方法を編み出している。今回も同じだと思う」

気づくと二時間半が過ぎていた。吉本さんは疲れるどころかますますさえている。自らの思想を「伝えたい」という思いのみが衰えた体を突き動かしているのだと感じた。

「ただ」と続けた。「人間個々の固有体験もそれぞれ違っている。原発推進か反対か、最終的には多数決になるかもしれない。僕が今まで体験したこともない部分があるわけで、判断できない部分も残っています」

話を終えると吉本さんは玄関口まで送り出してくれた。言葉だけではなく「全身思想家」に思えた。

【宍戸 護】

『毎日新聞』二〇一一年五月二七日

これから人類は危ない橋をとぼとぼ渡っていくことになる

――三月十一日に東北地方の太平洋岸一帯を大地震と大津波が襲い、膨大な数の死者・行方不明者や被災者を出し、住民の生活や地域の産業などにも大きな被害を出しました。さらに震災で引き起こされた福島の原発事故が問題をいっそう複雑にして一ヶ月を過ぎた今でも、大きな衝撃を引きずっています。吉本さんは震災の後に、「絶えずいつでも考えている」と発言されています。震災のことだけを考えているという意味ではないかもしれませんが、震災や原発事故が日常の流れを堰きとめて多くの人を立ち止まらせたことは事実だと思います。今後、被災地復興のための社会的政治的な支援が望まれますが、それとは別に、吉本さんはどのように震災の体験を捉え、その衝撃を思想の営みとしてどう対象化できるのかお聞きしたく思います。

情報やデータを並べて専門的なことを言うことはできません。また、僕は災害の現場を見てもいませんから、どんなイメージで捉えると的確かは心配なところです。自分が寝起きする場所からの印象でしかありませんが、まず意外に思ったことはあります。東北の三陸海岸あたりがもっとも大きな地震や津波の被害を受けたのでしょうが、関東平野と接している福島県の海沿いも相当ひどい状況で、津波で港が水没し、家が流され、原子力発電所が爆発して放射性物質が漏れて、さぞ大騒ぎで、東京方面に避難してくる人たちもたくさんいるに違いないと思っていました。ところが存外シーンとしていた。テレビのニュースを聞いて想像するだけですから、具体的なイメージをよく捉えることができないのかもしれませんが、大きな災害であり事故ですから、どんな騒動が起こり、人々はどんな顔つきで逃げているのか日本列島中にもっと鮮明に伝わって、異様な状態になるものかと思ったのですが、意外に東北は東北で、東京は東京で、地域が個別的に動いていて、あれこんなものかと感じた。災害らしい災害も受けなかった東京などは少しばかり停電があったり流通が滞ったりしたのでしょうが、あたかも普段どおりに暮らしていた。東京から西はさらに平常だと思いますし、こんなものではないという想像がはぐらかされました。

——被災地は非常の事態に大混乱でしょうが、被災地からの距離によって混乱の温度差が小さくなる。もちろん同じ国で起こったただ事でない事態への動揺や不安はあるでしょうが、にもかかわらず全体としては普通の生活が継続されるというのはどうしてでしょうか。震災も局地的だと見なせるだけの国力やインフラを持っている余裕のためなのか、それとも生活のシステムや意識が分断的になっているからでしょうか。

都市を中心として人間の住まい方の様相が転換期を迎えていると思っています。敗戦後の荒廃した焼け跡だらけの都市から、例えば都市と農村という伝統的な見方があまり意味をなさなくなった段階、高度な情報化や産業構造のあり様によって大都市とその周辺の衛星都市の違いが少なくなった段階など、日本の社会は何度か転換を繰り返してきた。そして現在の都市のような、なだらかに自然や人工的自然を導きいれて拡張するようになっていくと、都市の発達の仕方が個別的・孤立的な様式に変わってゆくようになると思います。そうすると住まい方や災害の時も含めて都市の機能などがそれぞれあまり干渉しあわずに個別的になってくる。それぞれの都市が当面している問題は、表面からは同じように見えても別々に異なる問題であり、そういう現象や要素が多くなってきたと思います。多分、この災害を契機に都市の様相はこれまでと違った発達の仕方をするのではないかと、僕は想像しています。それぞれ固有の問題を孤立的に抱えながら、その問題のあり方は近隣でもかなり違うものとしてである。極端に言えば、東京の某区の災害からの補修や回復の仕方と、別の某区のそれとは同じように見えても違うように対処され展開していくようになるのではないでしょうか。

——日本の社会が、それぞれの地域が均質的でない個別の問題を抱えるように、都市や資本主義が発展してきたのでしょうか。その上に広域的とはいえ、東北地方の沿岸部を襲った、以前ならば全国に影響を及ぼしたはずの出来事が、むしろ地域の内側で個別に捉えられ、対応されるようになったということでしょうか。

もっと大きな出来事として全国に影響を及ぼすはずだと空想していたのですが、そうはならないような気がします。仙台のような大きな都市も、被害を受けた地域の町々も、それぞれが壊れ、またそれぞれが回復を目指すのではないでしょうか。小さな区域で都市固有の問題を抱え、個別に修復するように都市の様相が変わってきたことの、それは災害の新しい現象だと僕は考えています。

――そういう都市の発展の仕方をあえて政策的な言葉で言えば、首都機能移転や道州制という言葉も思い浮かびますが。

新しい都市のあり様の核心のところが、そういう政策を要求してくるのかもしれません。でもそういう言葉で片付けると、またたくさん問題も出てきますが。今後日本国の経済や政治の課題も大変でしょうが、この災害で何が大きな問題として出てきたか、今後都市や地域の町を再び建設してゆかなくてはならない時には、そういう要因が争いの元になるかもしれません。誰がどのように主導して修復するかはわかりませんが、その時、一律でエコシティを造れとか、建物は全部四階建てにしてしまえというように強引にはできようもなく、それぞれの住まい方から個別的な再建が図られる気がします。

――地震や津波での地域の固有性に合わせた再建だけであれば、問題は生じても時間をかければ何とかなるかもしれません。今回はそれに原発の事故が加わり、放射能被害も未解決で先送りされていますし、電力という生活に直結している施設の事故ですから、簡単でない問題も投げかけています。

大変な問題ですね。原発の事故が起こって、原子力発電に対する忌避感や不要論が強くなっているのですか。

――いくつかの新聞での原発要不要のアンケートでは、〈必要〉は多少減り、〈不要〉が同じ程度増えました。でもほぼ市民の半数は代替エネルギーがない限り、原発は今後も必要ではないかと判断しています。もちろんアンケートですから生活の現実と意識は乖離があるとは思いますが、極端な変動はありませんでした。

それは悪くない傾向だと思いますね。そうではなくて、全部やめてしまえとなると問題だと感じます。事故があって危険なことは承知したけど、また被害を受けた人たちには原発はとんでもないものと思われているに違いないけれど、やはり便利で助かるものだという思いが残るだけの弾力性は消えないということでしょうね。

――吉本さんは、一九八二年にヨーロッパの気運を受けて、〈核戦争の危機を訴える〉

文学者の反核運動が起こった時に、その運動を批判する『「反核」異論』を書かれました。それはアメリカと旧ソ連が主導する冷戦構造が核兵器増強を加熱してきたのに、アメリカの核政策ばかりを批判してソ連の核兵器を蚊帳の外におくのはおかしい、反核運動はむしろ当時の社会主義の不具合から脱却を図るポーランドの連帯問題などを抑圧しやしないか、日本の文学者らが核問題の本質をあまり考えることなく反対するのも問題だ、という主張でした。〈異論〉の中で、吉本さんは、核爆弾と原子力発電の問題は捉えるべき視点が違う、また原子力を科学的に解明するのは宇宙の謎を解くことに繋がるから、原子力への過剰なアレルギー反応はもたない方がいいといわれています。しかしその後にチェルノブイリ原発事故や、日本でも福島の原発事故が起こり、問題にやや微妙な翳を落とした気もします。そのあたりをお聞きしたいです。

それについても原理的な言い方をします。原子力はそれを最終的には戦争に使うために貯蔵することも、また多面的な利用もできるし経済的な利を得るために開発することも、見方を変えればいくつもの目的があるわけですが、もっとも根本的には、人間はとうとう自分の皮膚を透過するものを使うようになったということですね。人間ばかりでなく生物の皮膚や骨を構成する組織を簡単に透過する素粒子や放射線を見出して、物質を細かく解体するまで文明や科学が進んで、そういうものを使わざるを得ないところまできてしまったことが根本の問題だと思います。それが最初でかつ最後の問題であることを自覚し、確認する必要があると思います。武器に使うにしても、発電や病気の発見や治療に使うにしても、生き物の組織を平然と通り過ぎる素粒子を使うところまで来たことをよくよく知った方がいい。そのことを覚悟して、それを利用する方法、その危険を防ぎ禁止する方法をとことんまで考えることを人間に要求するように文明そのものがなってしまった。素粒子を見つけ出して使い始めた限り、人間はあらゆる知恵を駆使して徹底的に解明してゆかないと大変な事態を招く時代になってしまった。原子力は危険が伴いますが、その危険をできる限り防ぐ方法を考え進めないと、人間や人類は本当にアウトですね。俺をどうしてくれるんだと素粒子側から反問されて答えられなければ困るわけで、何とかして答えるようにしなければならない。心細く言えば、人間は終わりが近づいているくらい悲観的なものですが、でもここまで来たら悲観しても収まりがつくものではないわけで、この道を行くしかないのですね。

人間は滅亡が近いよなと悲観したくなる中で、一つだけ奇妙に希望を持てる確かなことがあるとすれば、それは人間の平均寿命についてだと思います。人間の寿命は今後短くなることはないんです。不思議なことだと思いますが、人殺しの武器も発達させ、危険極まりないものを作っても、平均寿命の伸びが止まる兆候はないんです。人間の生物としての生命や寿命が衰える兆しはどこにもなくて、極端なことを言えば、宮沢賢治の言うように、いつかは宇宙と同じ長さの現象を生きることになるよ、という文句の方が通りがいいかもしれません。遠からず平均寿命が百歳以上になるのは自明の理だと思います。人間や人類はどこで終わるかを考えれば、宇宙が壊れたら終わりです。そのことをきちっと考えてゆけば、そんなに悲観することもないよということになると思います。個人的には、いいことは一つもないよと言いたいところですが、その中で希望があるとすればそのことだと思います。果たして文明や科学が発達して社会がよくなったのかと言えば、どうかなと感じますし、僕も関わってきた文学や芸術にしても、例えば今の短歌や詩より『万葉集』の歌の方が強い生命力が表現されていてうったえる力が強く、そういう逆行はなぜなのか考える余地はありますが、総じて人間の生命の体験だけは奥深く複雑なところまでゆくと思います。そんなことを考えて自らを慰めています。

——戦後だけとっても日本人は二十年近く平均寿命が伸びて、その間の社会や生活は何やら加速度的に変貌したような気がしますが、さらに寿命が伸びるとすると、社会のあり様や人間の概念はこれまで以上に更新されてゆくのでしょうか。

その更新を止めるのは不可能だと思います。それぞれの個人は運命や自由意志を持っていると思いますが、一般論として生命が衰える兆しはないと思います。もちろん生命の表現である芸術も、捉え方はどうあれ一緒に伸びていくと思います。人間が自分の皮膚や骨より細かく速く固いものを使い始めて、そういうシステムが出来上がったことを考えると、その生命の扉を開いていかなければなりませんし、それが希望と言えば希望だと思います。

――震災後の発言で、吉本さんは「切実な私事と公の問題」でどちらを選択するかと自問し、「切実な私事」の大切さをうったえています。その後で親鸞の「往《ゆ》きと還《かえ》り」の思想を持ち出して、その「私事」が向こう側からやってくる運命や契機を組み込むことで、もう一度対象化される通路もつけています。メディアなどでは震災は「公」の問題として議論されがちですが、「切実な私事」を抱えた被災者たちもたくさん出ました。そのせめぎ合いもこれからいろいろな場面で出てくるでしょうが、災害や事故で被害を受けてしまった人たちにむけて何かうったえたいことはございますか。またこの震災は歴史的に見ても大きな出来事だと思いますし、これを機に何か日本の社会が変わっていくことになるかもしれないと感じることもあるのですが……。

それは難しいし、お任せした方がいいと思います。それを言うと、宗教か変な社会科学の言葉になってしまいますし、言った途端に破れ目が出て、嘘になってしまいそうです。個人と集団の持ち前の知恵ややり方に任せた方がいいですね。

また、今度の災害は生涯に何度であえるかという大きな事件だと思います。でも僕はこの出来事が歴史の大きな課題についてどんな意味を持つかどうか分かりませんし、その変わり方が朗らかなものだとは感じません。年齢のせいもあるでしょうが、むしろ大変だよ、これから人間や人類は危ない橋をとぼとぼと渡っていくことになって大変だよ、という印象です。あなた方若い人のように吹っ切れて何かいい展開があるとは思えない。朗らかな気分になるようないい兆候というのはこの日本でも世界を眺めても、どこにもないと思っています。あと何年生きるか分かりませんが、ではどういうつもりで生きるのかと言えば、現在の状況というのを反芻し、思いを改めたりしながら考えてゆくのだと思います。外から自分に被さってくる問題は、それをいい方向に向けることに力を注ぐよりも、突きつけられたことを一生懸命考えてゆくことはできると思います。その時に、自分で自分を萎縮させることは言ってもしてもいけないなと、自戒しています。

——分からないことを前提に考えられると言われましたが、その時の最初の一歩の思考をどこに置いて取り組まれますか。

現在ということを考える時には、今まで自分がやってきた仕事の延長線で整えていくよりも、自分の今ここの何もなさから行こうじゃないかと思っています。そんなに遠くまでも行けないでしょうが、このまま留まるつもりもない。今ここに自分があって、それを確かめながら歩みたいという気持ちがもっとも近い言い方でしょうか。

——中島みゆきの歌ではありませんが、吉本さんは「時の流れをとめて変わらない夢」

を移ろいやすい時代の外側に描くのではなく、〈現在〉という状況と課題を手放さず発言を続けてこられたと、僕らも思っています。どうもありがとうございました。

（聞き手・大日方公男　二〇一一年四月二二日）

『思想としての3・11』河出書房新社　二〇一一年六月刊所収

東京にいると、暗いんです

――今回の大震災は、「第二の敗戦」とか、八月十五日以来の大きな出来事とかいわれることがあります。戦争は、吉本さんの思想形成に、大きな影響を及ぼしたことを、これまでのご著書を読んで、私たちは知っています。八月十五日の敗戦を体験した吉本さんから見て、あの三月十一日以後の日本というのはどういうふうに見えているのでしょうか。その上で、この状況を乗り越えていくためのちょっとしたヒントでもお聞きできればと思って、今日ここへやってきました。まず、具体的な話からうかがいますが、三月十一日、大きく揺れたとき、何をしていましたか。

確かこの部屋で、ものを書いていたんです。揺れが、ブランコを揺すっているような、そういう揺れなんですよね。激しくはないんですが、あんなゆっくりで大きい地震というのは、どうも僕なんかが抱いていた、簡単な地震のイメージとはずいぶん違っていた。びっくりして、もう少しで声を出しそうなくらい驚きました。でも、声を出さないうちに終わることは終わったんですけどね。

「これは、どういうことになっているんだ」と思ってテレビをつけてみた。ものすごい上下動もなかったのですが、こんな、すさまじい感じの地震ってあるのかなと思いました。「こういう地震っていうのは初めてだ」っていう感じが第一に来た印象ですね。

――地震の後、テレビが次々特番を始めて、津波の警報を流し、やがて被害の情報がどっと報じられましたね。ご覧になりましたか。

見ましたけど、僕は目が悪いから、そうよくは見えないんですよ。でも、すごいことになっている。ただ、このあたりは、ちょっと意外なほど静かでした。この辺だって、直線距離だと品川湾からそんな遠くないいんで、こんなところにも人が大勢避難してきて、大騒ぎになるんだろうなと思っていたんですけど、その予想はまるで外れて、僕の印象は、「騒がないね」っていうか、「何でこんなに静かで、こんな物音ひとつしないのだろうか」という感じが強かった。避難も何もなくて、何かもう、それぞれが個々の場所で固まって動かなくて、あるいは動けなくてという、そんな印象ですね。それも、初めての印象でしたね。

――東京は地下鉄もＪＲも電車が全部とまりました。

そうでしょう。だけど、人声はしないいし、きっと黙って固まっていたんでしょう。そういう固まりがあっちこっちにできていたという印象で、逃げるというよりも、縮まってじっとしているっていう感じの静かさ、というのは、予想が違うなっていう感じでした。

――それから、東北地方沿岸に津波が押し寄せた映像がテレビで次々と映されて、家屋や車や船とかが、どんどん流されている現場の惨状が伝わりました。町が根こそぎ流され、破壊されている。現場に行った人からの情報によると、それが、ひとつやふたつではなくて、何百キロという海岸の至るところで、そうなっているという、すさまじい被害が発生しました。

その「すさまじい」というところが、はっきりとはわからないんですよ。あんな揺れは初めての体験でしたが、これがどの程度まで、どうなっているのかというのは、行ってみないとわからない。実際に向こうに行って見てきた新聞記者の人たちによると、もう大変なことだ、今回の地震は大変なものだ、という強い印象ですね。

あの後、ちょうどあいさつまわりかなんかで、編集者の方が来たんですけれども、こっちは、玄関先でぼやっとしている。「吉本さん、のんきでいいですね」なんていわれた。玄関先であぐらかいて、それで僕のほうから現地の話を聞きながら、「あ、そうですか、へぇ」なんて言っていたもんですから。「いい商売ですね」なんて嫌みを言われた。

でも本当にそのとおりで、動きようもないし、動いたってどうにもならんっていう感じでしたから。「ばかに静かだな。何だ、いつもと同じじゃないか」。僕なんかそういう顔をしていたから、その人は憤慨しちゃって、「けしからん」と思ったんだと思いますよ。

――今回は揺れ自体による建物の倒壊は、思ったほど多くはなかったようで、阪神・淡路大震災のときのほうが、揺れでつぶされた建物は多かった。やっぱり、津波の被害が深刻で、町も何もかも全部なぎ倒されてしまいました。死者は一万人を超えていて、行方不明の方が同じくらいいる。それだけでなく、例えば、三陸沿岸には大きな漁港があり、市場《いちば》があるんですが、市場で冷凍していた魚が、手をつけられずにそのまもう、腐ってきている。

それはやっぱり、大変なことですね。落ちついて検討し始めると、やっぱりすごい被害だろうな。今度の大地震の影響がどうかとか、経済的にどの程度損害があり、復興にどのくらい要するかは、まだこれから計算しないと、出てこないですね。

――福島原発の補償問題も入れると、阪神・淡路大震災よりも、はるかに大きな額になるようです。首都圏でも、海側の埋立地が被害を受けました。液状化といって、地盤がゆるいところに大きな揺れが来たものですから、地盤が崩れて、水道やガスといったライフラインがとまってしまって、家が傾いたり、道路がガタガタになったりした地区が一万世帯以上もあるといいます。

それは、復興まで到達するの、大変だな。

――そこで、お聞きしたいのは、敗戦の時のことです。今回と比べて、どんな違いがあるのか、実感としてお話しいただければ、ありがたいのですが。

敗戦のときは、もうその前に空襲でやられたり、原爆でやられたりした後ですからね。僕の住んでいる周りでは、今度の地震とは問題にならないぐらい大荒れに荒れたわけですよ。戦争のときは、月島《つきしま》に住んでいましたが、一番気をつけていたのは、空襲の時、どういうふうに逃げたやつは助かって、どうしたやつはだめだったか、ということが一番気にかかりました。何はともあれ、隅田川の向こう側へ逃げた人は、生きていた人が多い。帰れた人が多いんですね。海べりの方へ逃げた人たちは、もう、あんまり生きていない。

下町の労働者のいる地帯は、もう直接爆弾でねらい撃ちにされたって感じで壊れてしまっているし、いっぺんに燃えだしていた。

亡くなった人は山積みになり、道に放置されている。けがをした人は、火事の影響だと思うんですが、みんな、目が真っ赤にただれたまま、向こうから逃げてくるわけです。のろのろと東京の中心から逃げる人の着物や何かも、焼けてすすけて、ぼろぼろになっている。もうだれにも声をかけようがないという状態で、それはすさまじい光景でした。

——空襲のときの体験ですね。

ええ。それと比べろ、ということになると、今度の地震は、何かこういう言い方はちょっと不謹慎だけど、自分では劇的なところはちっともない。僕らは「どこで何があったの」というような顔をしていたと思いますよ。前の戦争とは、何の連続性も感じなかった。今度の地震は、僕の近所では、ぽつん、ぽつんと固まっていて、静かで、だれも、声を上げる人もいないような印象がありました。

——まるで違う、とは。

きっと損害の大きさは、家屋にしろ、人的な被害にしろ、今回も大変な事態なんですが、僕の周りでは町はそう変わっていない。どう言ったらいいのか、戦争中は、まず怖くて怖くて仕方がない。空襲でむちゃくちゃやられていますからね。

でも、印象が、戦争中は暗くないんですよ。町中も、人々の印象も、どこか明るくて、単純だったという感じです。戦争で、気分も高揚していたこともあったんでしょうけれども、空襲で町がやられた後も、みんながあわただしく動き回っているという感じがあった。それがちょっと今回とは印象は、まるで違う。

——だったら戦争中のほうが明るい？

明るい。あの、うかうか言葉を使うと、怒られちゃうからな。怒られてばっかりいるから

（笑）。でも、印象は明るい。

あれは戦争っていうことが、逆に人間を元気にさせるという面があったのかもしれません。

――ある興奮みたいなものですか。

そうです。それが、続いていて、何日も続いていて、明るい印象なんです。

今度の震災の後は、東京にいると、暗いんです。暗くて、どう言ったらいいのかな、このまま沈没してなくなってしまうんではないかという気がした。僕が見た限りですが、でかい声を出して気勢を上げるとか、動き回るとか、知恵をつけるとか、そういう人はいない。暗い顔をして、静かで、おとなしくて。それでただ歩いているというぐらいで、言葉をあんまり発する人もいない。僕らも、発するだけの元気がなかった。みんな何となく低い声で話している。その雰囲気がまるで違うという感じでしたね。

――私の印象をいいますと、スーパーマーケットなどは、電気をほとんど消してしまうんですね。普段ディスプレイをしている商品が暗くて見えないんですよ。そこを黙々と人々が買いに行っている。最初はミネラルウォーターのペットボトルとか、牛乳が店頭になかったですね。今、ずいぶん戻ってはきましたけれども。

それは僕なんかも感じました。何しろ暗いし、やりようがないという感じの人が黙黙と歩いている。

――戦後生まれの人間にとって、この事態は、体験したことのないものです。つまり電気というのは、常に来ているものであるし、水っていうのは常にあるものであるし、そんなの我々にとって当たり前だった。いくら、近年、経済が落ち込んでいても、こんなことはありませんでした。ところがこれまでのようには、水が飲めない。原発事故の影響ですけれども、「飲むとまずいのではないか」とか、「いつ放射線の被害が出るかわからない」という不安が消えない。地震や津波で亡くなった人も、どんどん増えていっている。で、潜在的な不安が大きくなっていく。こんなことが、大規模に起きる事態は、今までの高度成長、高度消費社会を通じて、なかったのではないか。オイルショックで、何日かトイレットペーパーがなくなる騒ぎはありましたけれど。

現在は少し戻ってはきましたけれども、根本的な解決にはまだ遠いですね。そうでしょう。打撃から回復するのが、できるのか、できないのか、ちょっと一口に言えないというぐらいの問題ではないかと思います。

――少し経済の現実に触れますと、ここ十年、ずっと日本経済は、ぱっとしなかった。要するに一九六〇年代、七〇年代、八〇年代までの景気のいい日本は、二〇〇〇年代になって、もうなくなってしまった。その果てに、この地震が来ました。企業の生産はまだ回復しない。東北には部品メーカーの工場がたくさんあって、津波を受けた沿岸部の工場はほとんどつぶれてしまった。日本は戦争から復興して、世界第二位の経済大国になって、高度消費社会と近代的な都市の文化を築いてきた。それが大きく揺るがされているな、という印象を持つんです。

そこに今、優秀な部品をつくる東北のメーカーが大きな打撃を受けた。まだ回復の見込みは立たず、景気の先行きは真っ暗です。そういう状況で、どうするんだと。「がんばれ日本」とか、言っているけれども、そんな甘いものではないのではないかという印象をぬぐえないのですが。

そう思いますね。それぐらい大変だろうなと思います。これからきっと利口な政治家とか利口な産業家とかが出てこないと、やっぱりこのまま固まったまま、沈んだまま、なかなかそれは二年や三年は這い上がれないんではないかなと。もしかすると、経済全体の働きをだめにするぐらいの打撃というのが、これから落ちついて考えると、はっきりわかってくるのではないか、という感じがします。

戦争のとき、空襲でやられた後は、またすぐ復興すればいいではないかと、そういう感じがあったけれども、今度はそう簡単ではないですよって、僕は感じますね。「やればたいしたもんだ」と思います。戦争で、こっちが望んだわけでもないのに、こんなことをされたというのと、ちょっと違う。今回は、ほかの人間がこうさせたんだっていうところが何もない。天災と人間の勝負だっていうことになります。

——戦争の場合は対アメリカだった。そのアメリカに、軍事的にこてんぱんに敗北してから、日本人は戦後も、何とかほかのジャンルでがんばろうという思いがあった。やられた相手に負けないように、何とかしようと。今回は、そういうのとは違いますね。

違います。その程度の覚悟ではどうにもならない。やっぱりこれからが大変なことになる、という感じがしますね。政治家が役立たなくてはいけないし、学者さんや知識人も役立たなければ、なかなか回復できないのでは、という気がします。

——今、働いている世代は、戦争を経験してない戦後生まれです。我々とか、我々の上の団塊の世代もそうです。戦争を乗り越えていないから、本当にできるのか、という感じを持ちます。

多分それは、妥当な考え方だと思いますね。今の段階でいくら考え過ぎたって、ほんとうに考え過ぎるということはあり得ないです。そこをどううまく切り抜けていくか。この暗さはちょっとたとえがたいものだという感じですね。これをうまく切り抜けざるを得ないから、切り抜けていくと思いますけれども、大変な時間と労力とお金がかかる。

——吉本さんは、八〇年代以降、日本が高度消費社会に突入して、第三次産業が産業全体の中で大きな比重を占めるようになった、という見方をこれまで何度もお書きになっています。その構造自体は、今後も変わらないですか。

そこのところは変わらないと思います。ただ、産業的に言えば、結局貧富の問題とか、景気不景気の問題というのは、ちょっと今までとは違ってくるのではないかという気がするんです。

何と言いますか、要するに大企業でも小企業でもいいわけですが、それが独力でこれから復興して、かつての三井、三菱みたいな先駆的な資本主義を築いていくということは、ちょっと望めない気がします。

経済的に言えば、規模の追求とか生産物の拡大とか、そういうことよりも、労働の仕方を組織化できないと、だめではないかという気がします。大企業が伸びてきて、それで資本主義がまとまるような形で復活していくとは、どうも考えにくいですね。そうではなくて、労働の仕方というのを組織化するということが一番大きな問題になってくると思います。

——それは、今まで単に仕事場に労働者を集め、その人たちを工場で働かせるとか、単純にそういう知恵ではだめだ、ということですか。例えば、自宅でパソコンをやっている人たちを、企業活動に動員するとか、というような。

そうですね。やっぱり消費産業的なものが主体になっていくという気がするんです。規模はそんなに大きくなくても、産業をどう組織化するか。いかにして労働時間をうまく調整して、労働力を組織化し、有効にシェアを回復するか。つまり、消費のゆくえを組織化する。そういうことが主体になって、復活・復興していく必要があるのではないかと思います。優秀な資本家がそれぞれ個々に自分を大きくすれば、社会も大きくなる、という考え方でいく時代は、もう終わっている気が、僕はします。

——例えば、百貨店やダイエーのような大スーパーがありましたが、今はどうも業績が低迷しています。駅前に大店舗を設けて、そこで高級品を売ったり、安売りしたりというモデルが、前のようには通用しない。それにかわって、何が、強いかというと、家でパソコンで注文して商品が来る、いわゆるネットショッピングをしているところが今、調子がいい。

それは、言い得て妙ですね。そういう状況に日本の産業が移りつつあるところだったように思います。それが多分復興ということを勘定に入れると、一番かなめになるところです。あんまり疲労したり、あんまり働き過ぎたりしないぐらいに、働く人たちを組織化して、それで能率よく乗り越えていくみたいな、そういうシステムを、つくっていくよりほかに、ないんではないか、という気がしますね。

これから一年、二年、三年ぐらいの間に、うまく基礎固めができれば、と思いますが、それはやっぱり産業者自身は、なかなか考えられないところがありますから、はたからそういう方向性にもっていくよう働きかけないと、できません。

――ただ、日本の戦後というのは、第二次産業の成功の記憶というのが、とても大きいような気がするんです。様々な電気製品や自動車が、世界のトップのシェアを奪うまでになった。それから、経済規模の大きさの追求も、われわれの習い性になっているのではないでしょうか。高度経済成長を成し遂げて、一流国になり、GNPはアメリカに次ぐ世界二位になったという記憶があります。今は、どちらも韓国や中国に追い抜かれていますが、復興にはやはり製造業を立て直し、経済規模を追求するという発想になると思うんです。

それはそうなんですが、それを思い切って産業のシステムかをやれる機会が、今回の大地震をきっかけに、やってきたというふうに考えられたらいいと思いますね。

――なかなか、そううまくいくかどうか。

昔ながらの資本家だったら、それはきっと嫌がります。自分の能力のままに伸びるという、そういう考え方をとると思いますね。でも、それはもう捨てて、大企業の人が中小企業を外注で使いっ放しにするのではなくて、中に取り込んでしまい、小さな企業の持っているシステムを生かして、うまく分業の組織をつくりあげていく。緻密に、組織化された産業の復活をめざすといいと思いますね。

これだけの打撃を受けたら、復興する以外に道はない。そういう意味では、今度の災難というか災厄を、だれかが、打ち壊しをやったというぐらいに、発想を切り替えてできたら、何とか復活は可能になると思います。

――その知恵が、今の日本の政治家にあるかどうか。今の民主党にしろ、自民党にしてもスケールの追求とか、世界の一番、二番に戻りたいという発想しか、していないのではないでしょうか。

そうでしょうね。

――菅直人さんを、どう思われますか。市民運動から出てきた民主党の代表であり、総理大臣ですが。

ほかの人より、まだいいんじゃないですか。だけどもっと、やるってときには断固実行すればいいのに、と思いますね。自分がもう少し捨て身になってやればいいと思う。

――そうですね。今、もうすぐ辞めるのではないかって言われています。内部抗争でつぶされようとしています（編者注：二〇一一年八月二十六日に辞任表明）。

いつもそうですね。総理大臣がちょっと何かすれば。今は右も左も、つぶしにいく。ほんとに、左のほうでは、もう一人も政治家がいなくなって。

――でも、今の自民党にいるかというと。

それがいたら、いいんですよ。

――例えばの話、田中角栄のような馬力のある人がいるかというと、今は見あたらないですよね。

いないですよね。もう右だ、左だって時代は終わったな、という感じがします。何とか、従来とは違う考えを持ち出してくるような元気な人が出てきたらいいんですがね。

――さて、今後の復興を考える上で、エネルギー問題は、避けて通れません。一九七〇年代以来、日本は原子力発電を肯定し、原発を推進する方向で動いてきた。今回の原発の事故によって、放射性物質の影響の恐ろしさが、改めて浮き彫りにされている。それで当面、火力発電で代替えして、原発については、検査をして稼働を中止することになっています。海外でも、イタリアやドイツは、今回の事故をきっかけに、原発をやめる方向に動いています。

吉本さんは三十年近く前、『「反核」異論』（深夜叢書社）で、文学者の反核声明を批判し、原発を原理的に肯定されたと思います。いま、原発について、どんなお考えを持っていますか。

今、論議の的ですけれども、僕は以前、反核の動きに真っ先に強硬に反対して、ずいぶん批判されてきました。けれども、原発をやめるという選択肢は考えられません。科学技術を少しでも知っている人なら、それ以外には選択はない、ということを主張しておきたいですね。

――原発は必要だと。

人間の肉体よりも固い物質を通してしまうような放射線を、動力に使うんだから、そのつもりでならなければ、だめだよと思いますね。

――というのは？

燃料としては桁違《けたちが》いに安く産業化できるかわりに、使い方を間違えると大きな危険をともなう。「みすみす危険なところまで科学を発達させた」と言われるわけだけれども、発達させてしまったものは、発達させてしまったのであって、それを後戻りさせるという選択は、科学技術的には考えられない。発達した科学技術を、もとへ戻すっていうこと自体が、人類をやめろ、っていうことと同じだと思います。人間であることをやめろと。そこは、いくら批判されても、変えることはできません。

だから危険なところまで科学を発達させたことを、人類の知恵が生み出した原罪と考えて、危険を覚悟の上で、防御の仕方を発達させていくしかない。

——原子力発電には危険がある、ということが知らされていないというのが、問題だったのでは。一歩間違えれば人間の体に、大変な被害があるんだ、という危険性自体を隠蔽するような体質があった。原子力発電の原理も一面的にしか知らせずに、「安全だ、安全だ」とばかり電力会社は言い過ぎてきたのではないですか。

商売なんでね。

——そこがまず、問題だって感じがします。

はい、問題ですね。防御しなければ、人間はやっぱり生きられないから。防御には、原発の装置よりも金をかけてもやるくらいでないといけない。今の原子炉のように、あんな、ごまかしみたいなものではだめ。科学者や技術者を組織的に動員してもっと完璧な防御装置を責任を持ってつくるべきです。

——エネルギー問題では、これだけ電力を消費する必要のない社会に戻ればいいではないかと言う意見もあります。例えば江戸時代は、電力を使っていなかった。提灯と蚊帳とか、様々な工夫をして、みんな暮らしていた。それを思い出して、そういう方向に行けばいいではないかと言う意見もあります。高エネルギー消費社会を、小さな消費のエネルギー社会に変えろという議論ですが、それはどう思いますか。

僕はまったく、ナンセンスと思います。時代錯誤ですね。桁違いに安く電力を生み出す原子力を動力として使うのをやめるなんてことは、考えられません。

――さてここで文学作品についてうかがいたいと思います。敗戦後は優れた小説がいくつも生まれたような気がします。私が思いつくのは太宰治とか坂口安吾とかですが、震災後の今、この状況を乗り越えていくヒントが得られるような文学作品はありますか。今の人が、何かしらの知恵と勇気が得られる作品があったら教えていただければ、と思います。

日本の近代文学者でどんな考え方、どんな政治的意見を持っている人が読んでも、これはいい、文句なしにいい文学だって、いえるのは鷗外と漱石の二人です。この二人の生み出してきた文学作品というのは文句なしにいいものです。けちをつける余地がないくらい、つまり、人によっては好きじゃないっていう人がいるかもしれないけど、鷗外と漱石だけは、とにかく好き嫌いとかそういうことを抜きにせざるを得ないくらいな作家だし、言うまでもなく、世界的です。だから、今の質問に対しては、二人の作品は、やさしいですから、どれでもいいから徹底的に読んでくださいよ、っていいたいですね。

――それは明治の作品ですね。敗戦後の作品ではどうなんでしょう。

敗戦後の作品だと、それは好き嫌いっていうことを勘定に入れないと、僕もこれだとか言えない。

――言えないですか。

言えないですね。太宰治っていうのは、ずっと好きで、好き嫌いで言うなら鷗外、漱石よりも、好きかもしれない。好き嫌いを抜きにしてもなおいい、となると武田泰淳《たけだたいじゅん》ぐらいしか、いないいんじゃないでしょうか。他の人は、読む人によってここは欠陥だっていうように文句がでてくる。

鷗外と漱石だけは、どんなに「好きでない」とか、「どうも自分には向かない」とかいうことをだれがいくら言っても、「それはおまえのほうが間違いだ」ってすぐに言えますね。「おまえの読みが足りないんだ」って言えちゃいます。そういう意味合いで言えば、やっぱり鷗外、漱石が圧倒的にすごい。僕だったら、その二人だけでもう満腹だってなりますね。

――私が、この質問をしたのは、こういう意図です。五、六年前からワーキング・プアが増加し、日本の経済力も十年前に比べて、ずいぶん落ちている。そこへこの震災が来て、経済再生の展望もなかなか見えない。阪神・淡路大震災後とは違う感じがするんですね。その中で、我々は、どういう気持ちでこの後やっていけばいいのかと考えるときに、ヒントになる文学作品は、何かあるかと思って、お知恵を拝借したかったんです。

この二人の作品を、一語一句、はしょったりしないで読んでみれば、間違いなく骨の髄までちゃんと入って来ます。鷗外と漱石をちゃんと読んだら、もうこれ以上自分の生きる力になる日本文学はないと、断言できる。それが文学の真髄《しんずい》なんです。鷗外だったら『雁』がいいと思います。漱石はもっとたくさん、やさしい意味でこれはいいっていう作品があります。

――『夏目漱石を読む』(筑摩書房)という本もお書きになりましたね。

漱石や鷗外を読んで、これは物足りんとか失望するっていうんだったら、それはあなたのほうがだめ、あなたのほうが自分に失望した方がいい(笑)。それくらい隔絶して、二人は優秀ですよ。

――鷗外も漱石も戦争を直後扱った作品はないですよね。悲惨な状況の中に陥ってみたいな設定はないと思います。例えば小林多喜二《こばやしたきじ》の『蟹工船《かにこうせん》』みたいな状況設定はありませんね。

設定だけを至極単純に挙げれば、『蟹工船』とか、あるいは太宰治の戦後の作品みたいなものが、今の状況とダブって見えてくるところがある。そういう状況設定は、必ずしも読む上では関係ないということでしょうか。

いや、関係はあるわけですけど、それにしたってあまりに、鷗外や漱石とは格段に違いますから。

――違うといいますと。

やっぱり、他の作家の方が文学的にいいというのは、おまえのほうが好みが悪いんだよ、ということになってしまうんだと思います。

一言で、「文学って何なんだ」といえば「文学って芸術なんだ」ってことになる。どこが芸術なんだって言ったら、書かれている物語とか、その内容でもなければ、いちいち丁寧にたどって読んだ結果っていうことでもない。いい悪いの判断は、「文学の芸術的な価値」と言ったらいいんでしょうか。かたく言えばそういうことです。

作品の素材が今と全然合わないとか、もっと極端に言えば、「何だ、ちっとも女の子のことが出てこないじゃないか」と言われても、いいものはいい。芸術の価値っていうのは、そういう素材や主題とは全然関係ないっていうか、そんなものはずっと超えたものですね。そこまで読み切れば、いいということになります。

鷗外の『雁』でもいいし『阿部一族』でもいいんだけど、鷗外と漱石の代表的な作品を一生懸命読んで、もう自分では極限だと思えるまで読んで出てくる感想っていうのは、どんな主題だったとか、どんな書き方だったとか、どんな暗い小説だとか、どんな明るい小説だとか、そういうことは全部飛んでしまう。捨象《しゃしょう》されてしまう。捨象されてしまって、いい作品は同じような感銘《かんめい》の全体性が残るんじゃないでしょうか。

――今、お仕事として、取り組んでいるものはありますか。

今、僕は、整理なんですよ。つまり、乱暴に書いて、完成までしないものが、いくつか残っている。それを直さなきゃ、これを人に見せるみたいなそういう気にならない。そういうのは、まだしばらくやろうと思っています。

——前にここへうかがった時に、神話をめぐる話をお書きになっていると話していましたね。

それも、ありますよ。今、丸々二十六巻くらいかな、僕の現在から五年ぐらい抜かして、それまでの一生涯の著作っていうのがあるんですよ。ある人が好意でもって整理してくれているんですけど、それが二十何冊になる。これ全部読んでくれれば、おれの物書きの仕事は大体わかるというふうには言えるけど、ほんとうはそんなのは甘いので。鷗外、漱石のような人たちは、主な作品を三冊か四冊読めば、この人の一生の仕事というのがわかっちゃう。細かい精神の動きとか、年齢による違いとか、時代の差とか、書き方による違いとか、そういうのが全部わかって、三冊か四冊読めば、それはそう言えてしまう。全部言えちゃう、っていうところまでちゃんと書いてありますよ。

僕もそうだったら理想的なんですけど、僕は、二十数冊読めば、おれの全部が出ているよって言えるけど。なぜ、二十何冊になるかっていったら、要するにだめだからですね。

——それは謙遜《けんそん》と思いますが。

練り方が足りないから、仕事して済んだはずのものが二十何冊になっちゃった。それを全部読んでくれれば、大体おれはこういう批評家だとか詩人だとか、言ってもらってもいいんだけど、それはやっぱり四、五冊でいいという人とは、やっぱり違う。だめ。つまりそこまで行ってないから。

それに対して、鷗外や漱石なら、四、五冊でわかっちゃう。全体はその中に入っています。あるいは二、三行で感じ取ることもある。例えば、漱石の『三四郎』っていう青春小説がありますよね、僕ならその中の数行でしょうか。それでもって『三四郎』の全体がわかるという、そのくらいの思いをする。ああいう偉い人たちの書いたものは、そういうふうに言えるところがありますね。

——今日は、この震災をどう受けとめておられるのかなと思って、私はここに来ました。さきほど、「暗い感じがする」って言われた。今、日本で生きている人たちに、潜在的な不安があるような状況なんじゃないかと受けとめました。「上を向いて歩こう」という歌が改めて脚光を浴びていますが、単純に上を向いて歩こうとも言いがたい状況ではないか。どういう気持ちを持ってこれから我々は生きていけばいいのか、戦争を体験した吉本さんに聞きたいと思ったんです。

それは、簡単にも複雑にも言えそうな気がしますけど。僕だってやっぱり暗い気持ちですね。自分の絶望感と日本の国の絶望感とは違うんだと思っていますけど、これもまあ仕方がなしに一緒くたにして言ってみるとすれば、やっぱり暗い絶望感で、これでおれは途中で参ってしまうかな、っていう感じがあります。でも、全体が明るくなるかどうかということとは別に、少なくとも「自分はこれで満足した」とか、「これで自分なりのものは書けた」とか、「仕事が終わった」という状態のところまで行けたらいいなあと思っていますね。

——それは、今生きている人にも、日本全体の暗い状況とは別に、自分なりの何かを求めなさいということでしょうか。

いや、それはあるところから見れば自分の絶望感も、日本の状況がつくったという意味合いでは、別じゃないんですよ。別ではないんですけれど、数字的に言えば、自分が自分の「固有値《こゆうち》」っていうものを取り出すとして、押し寄せてくる絶望感っていうのを何とかかわすことは、できそうだというところまで自分の固有値を持っていけたら、この暗さも、何とか切り抜けて、やっていこうと思う。そんな感じがありますね。

——この震災後、結婚が増えているようです。結婚したいと思う若者が増えているようです。

なぜですか。

——ある種、きずなを求めたいというか、何かある安心感を求めたいと。つまり、ある人はワーキング・プアで結婚できなかったんだけど、とにかく結婚する相手を求めている。孤独のまま都会の暗い駅とかにほうり出されるっていうのはたまらない。被災地で一人で生きていくのは、つらいとなるようです。

ああ、そうか。そういう気持ちはわかりますね。それはやっぱり、一口に言っちゃえば、「寂しい」っていうことです。

僕は、つい一週間か少し前に、猫が死んだんだけど。

——飼われている猫ですか？

この家で僕が一番かわいがっていて、気心が知れていた猫が死んだんですよ。そのとき、その猫が、ふだんは来ないのに、僕が寝ていると、その掛け布団の上に来て寝ていたり、僕の寝ているそばの空いている暗いところで寝たり、三日間ぐらい意識的にそういうふうにして亡くなったんですよね。

——その猫、何歳だったのでしょうか。

たしかお医者さんは、十七歳って言っていました。

——お名前は。

子供の家にいた猫で子供が「フランシスコ」とかってつけたんですが、僕は、「フランちゃん、フランちゃん」って呼んでいました。

――「フランちゃん」かあ。

ふだんはほかで寝て、猫同士で寝ているんですけど。その時は、僕が誘ったわけでも何でもないんだけど、夜になるとそばにくっついて、座ってきたんですよね。それで、僕は「ああ、これは寂しいんだな」と思って。何で寂しいかっていったら、自分の体が弱って、十幾つになって弱っていて、もう歩くのも不自由。それで、そばへ寄ってくる。大変時間をかけて、寄ってきたんですよ。

そうすると「この猫、本格的に疲れていたんだ」っていう気がして、僕は楽になった。

――楽になったんですか。

僕のほうも、何か暗くて寂しくしている感じだったのが、一時的でしょうけど、「こういう子もいるんだ」っていう感じになって、自分も暗くて明るい気持ちになったんですね。

――ああ。暗いけれども、少し明るい気持ちに。

だから、猫っていうのは、なかなか敏感なものだな、と思いました。やっぱりどこかわびしい感じを持っているのが、わりあいよく一致したんだなって思って、僕はずいぶん救われた感じがしました。三日間ぐらいそばにいて、それで亡くなりましたが。

――どこかわびしい感じというのは、震災にかかわらずありますか。

震災の揺れとか、そういうのも入っていたんだろうと思えば、そう思える。あるいは、自分の体の心細さも、あんまり歩くのも自由じゃない、そういう心細さもあったのかなって。つまりそういうことで、いろんなことが絡んでくるんですけど、一口に言えば、「ああ、こういう出来事ってあるんだな」って思って少し明るくなった。つい最近です。

――さっきの話を思い出せば、ある種、親密な相手を求めてきた。

そうなんでしょうね。

――その感覚ですかね。

そうじゃないかと思うんですけどね。やっぱり向こうも何となくひとりで命が乏しくなって、そういう気持ちがあったんじゃないかなって、勝手に推察してるんですけど。ほんとうのところは何かわかりませんが。

――何か、魂が呼び合ったみたいな感じでしょうか。

露骨に言えば、そういう感じで、やっぱり感心しちゃって、感激しましたね。これまで外部に求めて、そういういい気持ちになっても、何かあまり強固ではなく、すぐ崩れちゃうところがありましたが、やっぱり「小さな満足感というものはあり得るんだな」と思いました。

外界と自分との関係は、内面と外面のつながりだけじゃなくて、固有値の中では何か違う関係もあるんだなあ、という感じでしたね。僕のその後の気持ちっていうのは、まるで違うんですよ。僕だけでなくどなたでもそういうことは、きっとある。

――ある種の小さな親密性みたいなものですか、それは。

そうなんですね。

――大きな回復とか、また一番になるみたいな、そういうものではなくて、ある種の小さな親密性とかをひろっていくみたいな気配でしょうかね。

つながりですね、そういう問題でしょうね。僕にとってはずいぶん救いでしたね。今も救いです。


(聞き手　宮川匡司　二〇一一年六月十七日)

宮川匡司編『震災後のことば』日本経済新聞社出版　二〇一二年四月刊所収

風の変わり目

――世界認識としての宮沢賢治

――吉本さんは若い頃から宮沢賢治を読み続けてこられ、唯一批判したことのない存在とおっしゃるほど親しんでおられます。今回、三月一一日の震災をきっかけに宮沢賢治の作品がさまざまなかたちで注目を集めています。それには賢治の土地との結びつきやその作品への反映、あるいは科学的な見識に基づいた行動といった同時代の文学者を比べても特異な位置から制作をなしていたことも関係していると思いますが、宮沢賢治だったら現在の状況をどのように認識したのか、そういった点も含めて吉本さんのいまのお考えをうかがえればと思います。

宮沢さんの出身地の花巻あたりは三月一一日の震災によって生活に打撃を受けたとか、あるいは風景のあり様が変わってしまったとか、そういうことはあったのかな。今回は津波の被害も大きかったわけですが、宮沢賢治は海についてはそれほど触れてないですよね。天候の異常現象についてもあまり言及していない。ぼくらは震災からまだそれほど時間も経っていないし出来事から遠くないわけですけど、何か自然との影響関係があるとすれば、風の影響がいちばん大きいだろうと思いますね。その時点において風の影響がもたらしているものについて考える必要があると思う。宮沢さんがこの震災を目撃していれば風の方向とかそういうことと地震や津波といった現象との関係にきっと大きな関心を持っただろうと思います。宮沢賢治の関心を引くようなことでは風や海の問題が農耕や漁業にどのように関係してくるかが現在の問題としてあって、ぼくは漁業には何となく関係してくるだろうなという気がしますね。広く言えばこの一、二年、ぼくの感覚としては半年くらい前から日本の天候を考えると風の向きや潮の方向が変わってきたような気がする、日本の天候現象というのは以前と同じように考えちゃいけないんじゃないか。そういった変化のひとつの結果として今回の震災があったと考えられると思う。何が変わっていて、どう影響を与えているのかというのはありとあらゆる現象を包括して言わないといけないんでしょうけど、いずれにしてもこの数年の天候や自然のあり方の変化は大きいと思うんですね。その結果として津波もあるし、もしかしたら農耕や漁業にも影響しているかもしれない。特に東北地方の天候現象は気象学的に——さらに言えば海洋気象学的に——いままでのように普段は平静で、時どき雨風が吹き荒れるというふうには考えないほうがいいと思う。天候現象から鑑みると日本列島は少し変わってしまった、「なんだこれは！」というくらい現象が変異している。震災も偶然そういう時期に当たったと考えるのではなく、そもそも気候からして別物になってしまったんだと、そう考えを変えたほうがいいと専門家はきっとそう思ってんじゃないかな。

——震災をきっかけに何かが変わったというよりも、全体的な気候の変質の結果のひとつとして今回の大地震や大津波があったということですね。気候的な変化が端々に及ぼした影響が具体的に目に見えるようになってきた。

宮沢賢治がいま生きておられたらそういう一現象として考えたと思うんです。風と水（川も海も）が著しく変わっていて、その変化が東北だけじゃないとすれば全体的に、世界的に何か変化が生じていて、地震や津波もそのなかのひとつとして現れている。過ぎたるはそれまでみたいに別問題としないで、これからは常に気象現象の変化が続いていく、天然の偶然だけがここ一年特に際立って出てきたというのではなく、そうした大きな変化のなかで気象現象の意味付けも位置付けもしなきゃいけない。宮沢賢治に引きつければ、岩手というのは低い山に囲まれた高度の高いところが地面だったわけだけれど、その地面の様相もまた違うようになってしまった。そういう様相の変化を考慮に入れると農耕の仕方も変わってくるだろうし、何でもそうですね。いままでのように何となく日本列島は温和な気候で、嵐や洪水が生じるのは特別なことであって、その時点を過ぎればもう大丈夫、関係ないとは考えないほうがいい。まだそういう気がするというに過ぎないけれど、大きな気候の変動を恒久的な問題として対策を練っていく、そうした天然の現象自体を再認識しなければならないと思うんです。細かいことを言うにはもっとデータを調べたり、よく考えてみないとあまりはっきりしたことは言えないけども、要するに「変わった」ということを念頭に置かないと間違えると思いますね。それは従来とはまったく異なるような気象現象がこれまでの構図とわりに並行的に起こりうるということでもある。

資金の問題はあるけど、本当はいままでのように災害が生じたときだけその地域の状況に傾注して、少し時間が経ったら平生どおりではなく、いつでも、あるいはどこにでもそういう現象が起こりうるという認識を持ってプランを立てておく必要がありますね。それは何度も言うように農耕や漁業みたいに地場の産業にも関係していることです。偶然の出来事が突発的に起きていると考えるのではなくて、日本の周辺状況も含めてもう動かしがたく変わってしまったんだから、たとえば治水なんかもその上で新しく対応していく段階になっているわけです。世界的に考えても、ヨーロッパのほうは措くとしてもアジア・アフリカ地区には全体的な気象の変化が現れている。それも割合に長い時間というか、永続的なものとして自然との関係を捉え直して、それを基盤にしないといけないですね。ぼくなんかはぼんやりと遠くから考えていて、しかも自分の身体を動かすわけじゃないから、この間も「吉本さんはひとが来ると玄関先であぐらをかいて勝手なことを言ってる」みたいに言われちゃったけど（笑）、ほかにできることがないんですよ。災害時もそうですが、天然自然のことは地域ごとの特異性もあるし、影響範囲を考えると全体的な規模も大きくなっている。だから認識が本来的に変わったと思わずに、偶然のことだと思っているとと見当違いになっちゃうと思う。

——認識のフレームを時間的にも距離的にもより大きく持つ。それは宮沢賢治のある種の広大無辺な考え方（もちろん彼の宗教観にもかかわることですが）にも関係してくることではないでしょうか。

宮沢賢治はいつも二色の見方をとっていますね。偶然不利な自然現象が生じたために災害が起きたと考える面と、より恒久的に中国の天候現象に従属するように日本列島にも影響が及んでいるという面。だからもっと思考の範囲を拡大して対応を考えないといけないんじゃないだろうか。それが玄関口で勝手なことを言っている人間のいちばん大きな実感ですね。そうなると、予算を始め政治的な計画性とかそういったこともすべて問われることになるから一地域にもたらされた災害としてだけ考えるわけにはいかない。やはり全体的な問題ですね。そこに人間の生活性——生存性とも言えるでしょうけど——と天然自然との関係の変化を踏まえて対応するようにしないと間に合わない、それでは損害は免れないと思うんです。宮沢さんの言葉で言えば、銀河系宇宙のなかの太陽系の星のひとつである地球というふうに宇宙現象としての地域性を考えながら、地元の農耕に気を配り、冷害なんかに対する策も持っている。この両者の思考を常に保っていますね。

この宇宙論的な考え方というのは非常にはっきりしたものです。イーハトーブというのは主に岩手県、東北の太平洋側を指す言葉ですけど、天体的に見たその地方の気候のあり方を見ている。自分の生活レベルだけから今日は雨だったとか風だったとか、挙げ句に洪水が起こったとか転々と考えるんじゃなくて、全体的な変化として捉えるわけです。そのときに人間や地域を宇宙的な視野から見ている。現代のように異常気象としか思えない事態が一年も二年も続いているとなると、大陸的に気候問題や海洋問題を考慮に入れて、その一部分としての日本列島という幅広い領域を包括するような考えを取る。だから全体と一部と言っても比較の問題ではないんです。まずは変化の本質を捉えて、比較はそれからなんですね。いま宮沢賢治が生きていたら農耕や河川はもちろん、気候についてもそういう結構を勘定に入れて考察するはずです。たとえば東北地方を日本海側と太平洋側に分けたりせず、秋田県側と岩手県側は山脈を越えて連結しているんだと宮沢さんだったら考えるでしょうね。そういう考え方のほうが現実にも寄与すると思うんだな。関係の本質をその都度の変化とともに時間的にも広いスパンで捉えるというのが大事なんです。そこから個々の問題についても考えていく。そういう考え方をしないと何を言うにしてもやるにしてもどれも当てはまらない気がするんですよ。テレビなんかで復興計画や何かを聴いていても根本的な考えが違うんじゃないか、まずは変化の性質を捉えてから身近な問題の解決に向けて動いていく。この一、二年の変化を意識し始めてからとにかくこれまでの考え方のままじゃ「こりゃダメじゃないか」と思ったんだね。その延長線上に宮沢賢治のこともあるんです。どれだけ真理に近づいて対策を立てられたかが問題であって、それはやはりその都度今度は少し規模を大きくしてとか、試行錯誤を重ねながらやっていかなくちゃいけない。自分たちの目に入る地域ばかりではなくて、たとえば東北地方全体として現象を捕まえるように考えを移行していくことが今後重要な課題になるでしょうね。それは遠くで気になっていながら自分ではどうすることもできないなと思っていたことです。ただ、それはそれこそ玄関先でおだを挙げていることなわけですから、あまり勝手な口出しをして、当事者のひとを怒らせるようなことはできるだけ止めにしたい。だからもう少し根本的なことについて自分は考えていく、そうして考えが変わっていく道筋もその場限りのものではなく、たぶん相当長い時間をかけてちゃんと固めていかないとダメなんだ。それはとにかく感想だけでも言おうとするというのと大きな変化を前に端然と考えるというふたつの向きが宮沢さんと同じように自分にもあるわけで、本気になってきたなと思いますね。いまはそれがいちばん大事なことだと思っています。遠くから想像して考えるほかないのに嘘をついちゃったらおしまいなんだから、できないことはできないとか、自分の考えや思いははっきり言わないといけない。被災者の方たちの傍にいたらやきもきすることも多いだろうとは思うんだけど、そういう個別具体の問題についてはあまり触れないで引っ込んでいるというふうに自分の態度も変わってきていますね。そうではなくて、大きな変化というのを思考の起点としてどこまで考えを及ぼすことができるか、自然現象や災害に対してもそれこそがぼくらのやれることなんじゃないかな。

宮沢さんが生きていたら現場のひととして作業に従事するのか、大きな方針を打ちたてようとするのか、いつも二様に行動できる考え方を取っていますから、どちらに行くにしても新しい対応ができたんじゃないかという気はしますね。ぼくは現地になかなか行けないせいもあって間怠《まだる》っこしいと思うこともありますけど、今回の震災によって大きく変わったのは、自然現象と人間の生死のかかわりを考えるときに自分の思考形式の多様性をどう掘り下げていくのかということですね。ほかのことについては何も言う資格がないし、言えるような実情にもいないのだから、致し方なく玄関先でおだをあげるほかない。そのことに不服はないし、焦りを静めるように自分に言い聞かせておりますけど、まずは自分の思惟を持続していこうと思っています。それ以上のことはぼくらには何も言えない。だから宮沢賢治の考え方に今回の事態がどうかかわってくるのかというのは大変難しいことですね。でもあのひとは生きてたら必ず何かするでしょう、本当に自ら遠くに行ってぼくらの目から鱗が落ちるようなことを言うひとだと思います。そういうひとの代わりに農芸化学の専門家やなんかがちゃんと観察、考察して、何かプランを打ち出してくれると目標が定まるような気がするんですけど、いまのところは傍から見てるほうが苛立つような感じ。対応も遅いし、何が中心なのかよくわからない、ただざまざまな見解が飛び交っているような印象が強くて、どうにも苛立たしい。だからといって、どうしようということは何も言えないし、人間が天然自然の問題にかかわるときにどこをどう掘っていけば切実なところに食い込むことができるのか、どうしたらそれを自分の方法に合わせられるのかを考えても実質的には何もできない。ぼやっとしてるだけじゃないかというのはもうそのとおりなんですけど、一方で宮沢さんみたいなひとがいる。いま事に当たっているひとにもいるだろうし、農芸理論の理論家のなかにもいるだろうと思いますけど、そういうひとたちが結集して早く具体的な方針が打ち出せればいいですね。

——宮沢賢治の作品に現れた認識や感覚というのは、いまでも示唆的なものだと思いますが、吉本さんが普段の日常的な感覚として賢治の時代（精神）から現在を見たときに何か感じるものはおありですか。それは文学や芸術作品の基層にもかかわってくるものであるかもしれませんが。

『ユリイカ』は詩の雑誌だから詩のことはしょっちゅう考えておられるでしょうけど、詩の現状についてぼくがいま感じるのは、「幼児性」が子どもや若いひとから抜けちゃっているような気がするんです。たとえば宮沢賢治なら童話、あるいは童話的詩というかたちでちゃんと詩のひとつのジャンルを作るというだけの幼児性の発露がありましたけど、いまは若いひとでもそういう幼児性に対する感覚がなくなっちゃっているような気がする。ぼくらの小学校五、六年から中学校くらいまでというのは幼児性を保っていてもちっともおかしくないというふうに形成することができた年代なんです。いまでも過去を思い出すと、演劇の真似事をやったりとか——歌はぼくは苦手だからやらなかったけど——そういうことに熱中してもちっともおかしくない、いろんなことに真面目くさって一所懸命だったなという感じがしますね。受験勉強とかもあったけれど、そんなことよりも幼児性を託した詩とか短い童話的なものを作っていた頃がいちばん充実してましたね。

子どもの遊びについて言えば、中上健次はそういうことに非常に熱中したひとで、大人や親に内緒で裏山に家を建てて、大人たちが自分の居場所を失ったときに逃げられるような内緒の場所を作ろうという小説を書いていますね（「一番はじめの出来事」）。ぼくもいいヒントがあるとメモに書いてお茶筒の中に入れて、わざわざ自分の家の傍に埋めたりして、またそこから空想に繋がったり……、その時代のことはいま思い浮かべても童謡や童話のひとつの現れみたいなものとしていまでも非常に懐かしいですね。詩や遊び道具ができると「誰にも見せねえ」とか言ってしまい込んじゃうんですね（笑）。中上の小説はもっと具体的に目的を持っていつどこに何を作るかを本気で考えていて、それだけ夢中になることが空想力の源にもなるわけです。ぼくらはそうまでしなかったけど、ひとりで必要なときに埋めたお茶筒を掘り返して見てみたり、どうってことはないんだけど、大人に内緒の空想を遊んで喜んでいた時代がある。それは後々まで残って、そこからいろんな空想が広がっていくんですね。それがいまの子どもたちはそれほど幼稚じゃないという（笑）ことと同時に、空想や冒険の母体になるような経験があまりない。そういう時間を一時代と呼べるほど固まって持っていないように思うんですよね。社会が発達したからそういう場所も空想もなくなっちゃったとも思えるし、そうじゃなくて、何かに結晶するまでいかずにそのまま消えてしまったのかなと思ったりもしますけど、でもそういう幼児性の時代というのは年を取ってからも鮮やかに残るもので、忘れ難いくらいあっていいはずなのになと思いますね。宮沢賢治はそれを本気でやってましたからその延長にかなり本格的な発展があったでしょうね。

——確かに宮沢賢治の場合は、鉱物や石への関心というのは子どもの頃から一貫したもので、それがもしかしたら後の土壌改良のための開発や石灰のセールスにも繋がっているのかもしれません。擬音や言語化の仕方にもある種の幼児性を感じさせるような口唇的な感触がありますね。もちろん時代も街のあり様も大きく違いますから、単純に比較することはできないわけですが。

童話や童謡を子どもたちが空想として書くこともなくなったし、大人の作家が子どものときの自分の空想を広げていくということもなくなった。そう思うとちょっと変な時代だなという気もします。親に内緒で何かやろうという感じがあまりないですね。大人になるのが早いのか、そういう馬鹿らしい遊び方をぼくらは平気でやったものだけど、あまりピンとこないですね。いまの子どもはどうしてるのかなと考えると、代わりに勉強するのが忙しくなったのかなという気もします。友だちの子どもなんか学校終わったら塾やら少年歌舞伎やらいろんな稽古事に行かないといけない。忙しくなったもんだなと思うけど（笑）、可哀相なくらい勉強や何かに追われていて、遊びから空想を広げて、現実化するみたいなことは少なくなったのかもしれないです。作品にもそういう傾向があるんじゃないかな。子ども自身が何か書いたり作ったり、親に内緒でなんでそんなことをするのか、意味も何もないように思えるけど、ぼくは空想と現実の入り交じった遊ぶのが面白くてしょうがない時代を確かに体験しているけど、いまの子どもにはその代わりに何かあるんだろうか。稽古事で空想力を伸ばす暇もないのかと思うくらい忙しそうですからね。そういうふうに熱心に稽古事に通うのもご当人はけっこう本気でやっていてそれも楽しいのかもしれなくて、ぼくらの頃とは質が違うのかもしれないですけどね。それもまた変化でしょうけど。荒唐無稽なとてつもない空想なんていうのは、いまの子にしてみるとそんな馬鹿馬鹿しいことって思ってるのかも知れないし（笑）、わかんないですけどね。

――やはり自然現象、大きく言えば地球環境の漸近的な変化（その地域的な発露）というのは人間の生活にとっても非常に重要なことです。そういった状況を前に今後どのような可能性があるのか、あるいはその可能性を見出すための心持ちというのはどういうものであるのか、最後にお聞かせいただければと思います。

『ユリイカ』のような詩の雑誌もそういうことに関心を持ってるというのは大変いいことですね。それは天然現象と人間とのかかわりがまた変わりうる新しい証拠のような気もします。やはり真理にできるだけ近づきたいという願望以外に何も言うことはないような気がするんです。その方途を丁寧に考えるための経験が本当の意味で必要になってきている。ぼくらの考えることは夢みたいなものなんだろうけど、現実的にも新しい自然とのかかわり方の根底になるものを明示できるところまでやってくだされればいちばんいいんじゃないかな。宮沢さんがひとりで取り組んでいたことも具体的な必要性からではなくて、原則的な発想としてもう少しはっきりとえぐり出すことができるんじゃないかなと思いますが、これはなかなか大変な転機に来てるなという実感だけが浮かんでくる、その状態を前提としてよりはっきりと事態をイメージできるようにしたいと強く思っています。だからこそ、みなさんのような詩、あるいは文芸の雑誌から何か出てくればいいいし、現代の変化を総体的に捉えることができたら非常にいいことだと思います。難しいけれど、ぼくらも諦めなんかしないと思っていますから、まだ何か考えられることがあるかもしれません。

日本が中国的な考え方を部分的に借用しながら歴史を作ってきて、ようやく日本語で自分たちの見解を述べられるようになった万葉の終わりごろ、つまりもともと女流から始まった日本の詩歌が古今と新古今の時代に迎えた変化というのは重大なものだったわけですが、いまはちょうどそれに匹敵する機会だと思います。それだけの変化に直面しているのに何も新たな考え方が出てこなかったら嘘ですよ。そういう気持ちを失わずにやっていくしかないんですね。これからを生きていくみなさんはなおさら切実な問題を抱えていくことになるわけでしょうけど、考え方を中断させずに自然現象の転変の核心に迫るところまで行ってほしいというのがぼくらの唯一の願いであるし、自分のやれることだと思っています。どなたがどういう観点からそこへ近づいても構わないですが、ぜひともこの機会を何とかものにしていただければ本当にこれ以上の達成はないように思いますね。

（二〇一一年五月三〇日、駒込・吉本邸にて収録）

『ユリイカ』二〇一一年七月、青土社

科学に後戻りはない

――三月一一日は、どうしていたか。

自宅のこの部屋で書き物をしていたと思う。足腰が不自由で、自宅周辺のことしか分からないが、地震の後は、不気味なほど、静かだった。

――戦中と比べると。

あのころの東京は、人々も町中の印象も、どこか明るくて単純だった。戦争で気分が高揚していたせいもあったろうが、空襲で町がやられた後でも、皆が慌ただしく動き回っていた。

今度の震災の後は、何か暗くて、このまま沈没して無くなってしまうんではないか、という気がした。元気もないし、もう、やりようがないよ、という人が黙々と歩いている感じです。東北の沿岸の被害や原子力発電所の事故の影響も合わせれば、打撃から回復するのは、容易ではない。

――復興への道は。

労働力、技術力をうまく組織化することが鍵を握る。規模の拡大だけを追求せず、小さな形で緻密に組織化された産業の復興をめざすべきだ。疲れずに効率よく働くシステムをどうつくっていくか、が問われるだろう。

それには、技術力のある中小企業を大企業がしっかり取り込む必要がある。外注して使い捨てるのではなく、組織内で生かす知恵が問われている。この震災を、発想転換のまたとない機会ととらえれば、希望はある。

――事故によって原発廃絶論がでているが。

原発をやめる、という選択は考えられない。原子力の問題は、原理的には人間の皮膚や硬い物質を透過する放射線を産業利用するまでに科学が発達を遂げてしまった、という点にある。燃料としては桁違いにコストが安いが、そのかわり、使い方を間違えると大変な危険を伴う。しかし、発達してしまった科学を、後戻りさせるという選択はあり得ない。それは、人類をやめろ、というのと同じです。

だから危険な場所まで科学を発達させたことを人類の知恵が生み出した原罪と考えて、科学者と現場スタッフの知恵を集め、お金をかけて完璧な防御装置をつくる以外に方法はない。今回のように危険性を知らせない、とか安全面で不注意があるというのは論外です。

――明るさは戻るか。

全体状況が暗くても、それと自分を分けて考えることも必要だ。僕も自分なりに満足できるものを書くとか、飼い猫に好かれるといった小さな満足感で、押し寄せる絶望感をやり過ごしている。公の問題に押しつぶされず、それぞれが関わる身近なものを、一番大切に生きることだろう。

『日本経済新聞』「8・15からの眼差し」二〇一一年八月五日

八十七歳は考え続ける

僕は今年、八十七歳になります。しっかりと落ち着いて、人生の何たるかをつかみ、達観した大人に見えるかもしれません。ところが、僕自身はどうしても、自分に年齢相応の知識、判断力が備わっているイメージが持てずにいます。三十代から四十代、僕は食べるためもあり、文学に偏って評論を始めました。一世代、二世代前の文学者の書いたものを読むと、明治の人には見識があり、大人だなと感じたものです。

たとえば、谷崎潤一郎。七十五歳で発表した『瘋癲老人日記《ふうてんろうじんにっき》』を読むと、間違いなく谷崎潤一郎という一個の人格が伝わってきます。あるいは、石川啄木などは二十代にして大家のような貫録や判断力がありました。それは彼らが天才だからではなく、明治時代と現代の違いによって、昔の人の方が成熟していたからだと思います。

しかし、自分が彼らよりも年齢を重ねたいま、改めて考えてみても「吉本隆明はこういう人間だ」ともっともらしい顔をして言うことができずにいます。確固たるひとりの完成された人格、大人になっていないなと実感してしまう。子どもの頃に想像していた仙人のような年寄りとは大違いです。

振り返れば、あれは失敗であったと思う出来事も多く、考えてきたこと、勉強してきたことで、これは確実だと言えることもない。そうかと言って、年を取り、細かなことを忘れ、楽になっているという感じもありません。

むしろ、「何だこれは? おまえは八十七年生きて、何もないじゃないか」と不安になります。しかも、その気持ちをまじめに突き詰めていくと、心細くなっていき、生きちゃおられねぇよという感じになるのだから始末が悪い。ほどほどで切り上げて、怠けて生きてきたわけではないのだから……と、自分を納得させています。

それでも、この平均寿命の伸びた世の中で、大人になるとはどういうことだろうか、という問題は残ります。ここから先は大人ですという区切りなく、誰もが年齢だけはいつの間にか、大人と呼ばれる年になっていく。

どうしたら子どもの頃、想像した大人になることができるのか。これは一人ひとりが、日常生活の中で何気なく考え続け、問い続けることしかないのかなと思っています。生涯の中で直面する事件、事変をどう捉えるか。精一杯、自分で考えることが、大人という成熟への抜け道になるというか。誰かが示した安易で、簡単な答えに飛びつかないことが大切だと思っています。

たとえば、今回の大震災。皆さんは若い時に、この大きな問題に向き合うことになりました。当面、放射能の問題もあります。自分ではどうしようもない天然、自然の災害と、その後の人災。これが重なり合った重大事について、皆さんは一番先頭を切って悩み、考えていく役目を背負ってしまったのです。その宿命の重さは、戦争を思い出させます。

僕の世代は戦争中、いまでいう十九歳で徴兵検査がありました。それが終わったらもう後はねぇ、自分の生涯ってものはない。つまり、それ以上、生きるか死ぬかもわからないという覚悟がありました。僕は戦争に行く気満々でした。みんなもそうです。それが当時の風潮でしたから。

ところが、戦後になると、じつは戦争反対だった、平和主義者だったというヤツがいっぱい出てきました。

僕はむしろ、戦争を続けるべきだと思ってたくらいで。富山県魚津の化学工場で終戦を知った時は、下宿に帰ってただただ泣いていました。悔しさ、悲しさではなく、ふつうの国民が一〇〇万人単位で死んでいる戦争です。その死んだ人たちを置いてきぼりにして、じつは反対だったなんて冗談じゃない。僕は死んだ人たちと同じところから自分の戦後を始めようと決めました。

それから五、六年。自分は世界を知る方法というのを知らなかったと思い、経済学をはじめ、あらゆる本を読み続けました。その時、僕が〝これはしまったことだったな〟と気づき、反省をしたのは、戦中の考え方は早急だったということです。

早急さと若さは同じようなもので、そういう意味では、仕方がなかったかとも思います。ただ、早急にひとつの方向へ進むのは、あまりいいことではない。それだけは確信を持って言うことができます。いま、原子力発電所のひどい事故で、もう核エネルギーはダメだと言う人がいます。やめてしまえば安全だ。人災も起こらない、と。

しかし、この文明社会の中でそんなことを大っぴらに民衆に対して言うのは、最も愚かなことだと思います。なぜなら、文明の発達というのは、後ろに巻き戻すことはできないからです。専門ではない人が事故の影響について怒るのはもっともなことだと思います。ただ、ここで原発をやめてしまえば、新たな技術もその成果も何もなくなってしまいます。かといって、いまのような〝穴が空いたから塞ぐ〟ような対処ではダメで、未来をイメージして最高の防御装置、最高の原子炉への改良を並行して進めなければいけない。稼働中の古い原子炉は一気に建て替え、より緻密で高度なものにし、それに見合った防御装置を作る技術を発達させるしかありません。

危ないから壊して捨てる。この処方箋はとてもわかりやすいものです。しかし、そのわかりやすさや早急さに引っ張られ、僕ら庶民が自分の頭で考えることをやめてしまうのは最もいけないことだと思います。

何もかもナシにしちゃえば、人間は安全というのは大間違いです。こんなことを現場から離れた場所で言っていても、「あの年寄りは！」と怒られるかもしれない。たしかに僕らは、何の権力も持っていない技術者老廃物みたいなもんですから。だけど、その道の専門家と呼ばれる人や政治家がいい気になって勝手なことをやり始めたら、「それダメですよ」と言い続けます。


知識や科学技術を元に戻すことはできない。どんなに退廃的であろうといまあるものの否定もできない。未来への道を進むには、つねにいま以上のものを作るか、考え出すしか方法はないんです。それは数学の公理のようなもので、文明は先へ先へ、未来のほうへと進んでいく。いまはまだ、被災から日が浅く、悲観すべきことと、そうじゃないことが入り交じっています。

けれど、人間という存在は考え、行動することで、天然、自然の与えた変化を乗り越えることもできるし、共存することもできる。それが動物との違いです。雨が降ったら傘をさすという人間と、濡れていくという人間と。その両方をうまく調合できたら、長く生き抜くことができるという気がします。どちらか一方の処方箋に飛びついてしまっては、いけません。

自然と一緒に生きるという意味で、一番バランス感覚があるのは庶民です。今度の震災を経験して、専門家や政治家はそれぞれの立場で知的なことを言うでしょう。こうしたら解決するよ、この方向に向かえば大丈夫だよ、と。しかし、専門家も間違うということを前提に、僕らは自分の生活に照らし合わせて考える必要があります。

結局は、個人個人が当面している、最も大切なことを大切にして生きなさいという、それだけのことです。公にどんなことがあろうと、自分や自分の近辺の人に役立つと思えることをやる。大人とは、信念を持ってそれができる人なのかもしれません。そして、個人個人の小さな大切なことを拾い集め、積み重ねていくことが早い復興へとつながっていくのです。いま、僕が確実に言えるのは、そのようなことで、今後もう少しの年月を生きるとしたら、その辺のことを考え続ける役目を背負っていこうと思っています。

『ビッグ・トゥモロウ』二〇一一年八月　青春出版社

吉本隆明「反原発」異論

――福島第一原発の事故を受け、吉本先生は毎日新聞、日経新聞などで、文明論の観点から現在の反原発運動に批判を加えています。

技術的な観点からいいますと、原発は、人類がエネルギー問題を解決するために考えて発達させてきた科学的な成果、問題解決の仕方の一つ。それをいきなり元に返せという考え方は、人間の進歩性、学問の進歩の否定になります。人類が放射線を発見し、それをエネルギーに転換する方法を考えつき、実際に建設し、技術を発達させ、そして発電設備として実用化するまでには、およそ一〇〇年ほどの月日がかかっています。原発を今のレベルに到達させるまで、人類は非常に困難な努力を必要としてきたにもかかわらず、一度の事故でこれを放棄しようと考えるのは、安易に過ぎるのではないでしょうか。

――しかし、現在はその安易な考え方が主流を占めています。

原発を止めることは、原発を作り、発達させてきたことより遥かに簡単だからです。原発の場合、放射能を完璧に塞がなければ、危険度ゼロにはならない。では、危険度をゼロにするにはどうすればいいのか。それは共産党も分かっているわけで、要するに原発をやめればいいという結論になってしまう。百歩譲ってやめないのであれば、放射能を完璧に塞げと考える。もちろんこれには相当のお金がかかります。例えば立派な囲い、ないしは放射能を通さないような設備の中に、原子炉をすっぽり入れてしまう。非現実的ですが、高さ一〇kmの煙突をつくり、排気物質や放射性物質は、上空高くに移動させて、人間の生活範囲内にこないようにする。つまり、原発の問題というのは、安全対策にお金をかけるかかけないかの問題なんです。

――この世に、一〇〇%の安全性など存在しないのではないですか？

仰るとおりです。したがって、完全に危険度をゼロにするためには、原発をやめるしかないというのは誰だって知っているし、それは昔から分かっていることなのです。とはいえ、人間の歴史はそもそも危険との共存でした。例えば食事がそうで、「栄養さえ摂れればいい」「食べられればいい」はずなのに、怪しげなものをいっぱい試してでも、「旨いものを食べたい」という欲望を優先させた。つまり、危険が伴っても欲求を満たしてきました。そしてそれは同時に、金銭的な安さの追求でもあった。山野を耕して、海の幸、山の幸を手に入れ、それを食料にすることは、操作も知識も必要となりますが、それに見合うだけの安さがあったからこそ始まったんです。今回の原発事故になぞらえるならば、「これは夢のエネルギーだ」と、いい気になっている内に危険が出てきて、「これはいかん、割に合わない、やめてしまえ」という論議が始まっているわけですが、食料の取捨選択と、技術のそれが同列に論じられていることに、大きな問題が含まれていると感じます。

――保守は原発推進、革新なら反原発という風に、簡単に色分けされている風潮がありますが、この点をどう思われますか。

保守的な考えの人は、その時々に優良な働きをしていることに対しては、多少損害があったり装置にお金がかかったりしても、やるべきだという論議に傾きがちです。これはこれで長期的な視点、文明的な視点が欠けていて問題なのですが、一つの意見としては分かります。一方、革新派は少しでも困ったりしている人がいるなら、すぐにやめろという。しかし、ここまで努力して開発してきた原発をすぐにやめてしまえというのは、人類としての発展、進化が止まってしまってもいいということにつながるので、非常に大きな問題に関わってきます。そういう人類史的な観点でみれば、今たまたま損害が大きくなったからやめろという論議は、全く成り立たない。人類は、人間の特質である、物事を徐々に発達させ、損害も徐々に除去し、徐々に便利にしていくというやり方を続けてきたんです。こう考えると、たとえ防御装置を作るのに、実質的な装置よりももっと金がかかることになっても続けるべきだ、そういう論議になるんです。原発をやめるよりもっと出費がかかっても、技術や文明を発達させるべきだと私は思います。なぜなら、そういう考え方こそが人類の特徴であり、他の動物とは違う部分でもあるからです。それを簡単に損害があるからやめたり、もっとえげつない言い方をすれば、「金が儲からなくなったから原発をやめた方がいい」というなら、最初から人間の手と足でできるもので止めておけばよかったということになるのです。

——一度進歩を受け入れた以上、後戻りできないもので、結果を甘受しなければならないということですか。

その時代の最高の知性が考え、実用化した技術がある。それを単に少しの失敗があったからといってすぐに止めるというのは、近代技術、もっといえば進歩を大事にしていく近代の考え方そのものの否定です。もし、どうしてもそうした近代の考えが合わないなら、頭で考えることは全部やめにして、耕したり植えたり魚を獲ったりという、前近代的生活に戻らざるをえません。

——原発をやめるのか進めるのかという問題は、本来なら科学技術の進歩をどう考えるか、文明をどう発達させるかという、もっと大きな問題に関わるべきなのに、今の議論は「原発を進めたら儲かる」とか、「困っている人がいる」といった問題に矮小化されているのではないでしょうか。

そうだと思います。もう少し広範に考え、少なくとも自分達の最高の知恵を持ち出して、一生懸命我が身を削るような苦労をしながら一度じっくりと原発の問題と向き合う。結果、「どうしても反対だ」「やめる他ない」という結論に辿り着かざるをえないとすれば、僕は昨今の「賛成派は保守、反対派は革新」という単純な二元論は昇華されていくと思うのです。

――本来は切り離して考えなければならないのに、科学・文明の進化と、政治的な利害関係を混同して議論されているような感覚ですよね。

確かに、科学の中にも、自ずから入ってくる金銭・財源の問題はあるわけですが、それが伴ってくることは分かっていながら科学は絶えず発達してきたわけです。僕は技術者として考えてもやっぱり、「危険だから止める」という考え方にはどう頭を捻っても同意できない。そういうことを詳細にちゃんと検討して、考えた上でこれはどうしてもやめる他ないという結論に達したら、僕はそのときはやめていいと思います。しかし今の段階では、たとえ防御装置に金をかけることになっても尚、それが最先端技術の挑戦である限りやるべきです。中途半端なままにやめてしまうということは、人類そのものの歴史、すなわち、動物と分離し、孤独になるまで頑張り、動物からすれば余計なことをやり始めた、そこまでして人類が動物から独立したその歴史を否定することに他ならないんです。

——反原発派は殊更に核を批判しますが、アインシュタインの相対性理論によると、宇宙のエネルギーそのものが核のエネルギーです。

そうです。太陽の光や熱は核融合から出てきているわけです。だから、僕らの世界にとっては核の力は基本的なものであって、そんなに嫌がるものではない。ちゃんと制御できて使いこなせている限り、どんどん活用すべきものです。日本人の原子力に対するアレルギーは異常です。宇宙を動かすのは核の力だということは、技術系の人なら分かっていて当然のことなのです。

——敗戦で失われた日本人の自信が、原発によって回復されたという議論があります。戦中世代として、先生はどうお考えでしょうか？

まず、先の戦争の位置づけについては、東洋の国々を全て解放しようという理念が日本人の心の中にあったことは確かだったと思います。政治指導者がどう考えていたかは議論が分かれますが、少なくとも国民の中には、東洋における西洋の支配を全部追っ払ってしまおうという意識があった。自分たちがやっていることを、悪く言えば合理化して、インドのそばまで攻め込んでいったわけです。こうして、唯一の合理化された正義を作り上げたわけですが、そのことを戦後においては語るだけで怒られてしまうのはご承知のとおりです。結果として残ったのは、「アジアの国を侵略したけしからん国だ」という世界的な批判だけだったわけです。僕ら戦中世代は、何の得にもならない戦争を経験したという認識があります。

——理想と現実のギャップは、往々にしてルサンチマン的な心性を呼びます。それを克服するには、戦後の目覚ましい経済発展は不可欠だったのではないでしょうか。

その見方は正しいと思いますね。戦争末期は、全部が敵対国という状況の中、単独でアジアの解放に専念してやったんだ、やれるだけのことは全部やったんだという自負心を敗戦後に補ってくれるものは戦後の発展しかなかった。その象徴の一つが、ようやく実用化にこぎつけた最先端技術の結晶である原子力発電だったということは理解できますし、実感として私の中にも残っています。

——その戦争なのですが、『戦艦大和の最後』という小説で、「日本というのは進歩というものを軽んじてきた。負けて目覚める、それ以外にどうして日本は救われよう」という一節があります。実は原発事故に関しても同じことがいえるのではないかと思うのですが、いかがですか。

私はもともと技術系の人間ですから非常によく分かります。あの敗戦は、進歩を軽んじてきた結果だったのではないかと私も思います。敗戦時、私の周りにも「もう日本は終わりだ」

と自決する人間がおりました。当時は私も軍国少年だったから、そういう考え方は理解できた。しかし、それは一番楽な方法なんです。東日本大震災直後も同様に「日本は終わりだ」という悲壮感を持った人は多いでしょう。しかし、その後日本は終わったか。苦しくてもいまの苦境の原因を総括して、次につなげて生きていくのが人間の姿なんです。原発もそういうことで、事故が起きて、ここから目覚める、科学進歩がどういうものなのかもう一度考えていく。そうする以外に、この問題を乗り越えていく方法はないと思います。

——先生は著書『情況へ』の中で、「放射能の怖さを過剰に騒ぎ立てて脅迫する奴らを俺は許さない」と仰っています。一方、原発推進派の「原発がなければ経済がダメになる」というのも同様の脅迫に当たるというお考えだと思うのですがいかがでしょう。

そうです。両者に共通するのは、一番強力な武器である脅迫を使っている点です。一方は、「そんなに長く放射能にあたっていたら死ぬぞ」という脅迫、片方は「原発がなければ経済がダメになり生活が成り立たなくなるぞ」という脅迫です。ただ私は前者の脅迫がより問題だと思います。確かに、放射能をある期間以上浴びると、内臓、特に肺と消化器官がやられるんです。これは事実です。しかし、酷い状態の放射能に一度当たったらすぐにダメになる、死に至る病にかかる、という考え方は嘘だということはいえます。もちろん、だからといって私は放射能が安全だとは言いません。放射能が人体に一定の影響を与えるのは事実である以上、内臓も肉体も（放射能に）当たらないようにするということなんです。当たらないような防御装置を作って、その上で原発を上手に使う、これが唯一の使い方なんです。

——今回確かに原発の事故が起きました。しかし、技術畑の人間なら、事故が起きれば、今後原因が究明されて、より安全なものができていくと考えます。そういった理屈でいえば、原発事故も飛行機事故も同じではないでしょうか。

飛行機や車の事故が起こるたびに改善して、それで技術が進歩していく。原発の事故もそれと同列の問題だ。例えばおできができて化膿してしまった。そこで、抗生物質を飲んで治した。治りきらない部分はより強力な最新の薬を試した。そこからさらによい薬をつくるヒントにつながった。こうしたことと同じくらいに考えていればいいんじゃないでしょうか。確かに実際は、抗生物質に全然副作用がない、全く心配ないとは言い切れませんね。そうはいっても、おできの改善のために薬を投与するのは当然のことです。そもそも、人間の感受性といいましょうか、放射能が当たったことを気にしすぎたために、当たった部分の皮膚が変色したということはありえます。とはいえ、どのくらい当たったら心配かというデータを専門家は一応もっていて、すぐに指摘できる状況はある程度整ってきています。しかし身体に異変があったり、影響があったりというのは結局のところ個人の問題ですし、一概にいうことはできません。だからこそより緻密な経験則やデータが必要になってくるのです。原発の問題もまさにこの体の問題と似た部分があるといえるでしょう。

――『情況へ』では、「自動車事故で年に何千人も死ぬだろう、だけど原発でそれだけの人が死ぬのか」とも書かれています。

ロジックとしては間違っていないと思います。ただし、より難しいのは、車はその気になればなくすことは可能かもしれないが、原発はそうはいかないという点です。つまり、車なんかは大して重要じゃないから、それで何か害があるとしたら売り飛ばして酒でも飲んだほうがいいよ、といった冗談がいえると思いますけど、原発問題の場合は、そう簡単にはいきません。なぜなら原発一つを廃棄するにも莫大な予算と労力が必要になるからです。廃棄する時間や場所、廃棄後の安全性、検査などそれらみんな考慮していったら、それだけで神経衰弱になってしまいます。一度発明した技術を捨て去ることはそれほど難しいことなんです。

――にもかかわらず原発をやめて、自然エネルギーに移行したらどうかという、自然エネルギー礼賛の風潮が根強くあります。

まさに人類の進歩、科学の発展から逆行する考え方ですね。何度もいうとおり、すでに原発というものを実用化した以上、それを完璧なものにしていく努力こそが必要です。

——日本の原子力行政はどこに向かっていくべきなのでしょうか。

新たな規制官庁をつくったり、東電と政府の関係性を変えたところで、何かが変わるとは思えません。唐突に聞こえるかもしれませんが、僕は国家と組織の問題を考える場合、レーニンの考え方が唯一正しいと思います。レーニンは『国家と革命』のなかで、おおよそヨーロッパにおける革命が完成したなら、すぐに日常性にまで及ぶあらゆる制約や組織を解除してしまうべきだと言っています。つまり国家が消滅し、国家が管理運営してきた事業を民衆に委ねることです。残すのは、記録など事務的に処理しなければいけない部署のみで、あとはきれいに解体してしまう、これがレーニンの基本的な考えです。これだけはっきりと必要なことと必要でないことを明言したのは後にも先にもレーニンだけでしょう。こうした考えは、原爆、水爆にかかわるあらゆる国家の行政においても正しいと思うのです。つまり、日本の左翼は反対するかもしれませんが、今現在の放射能問題を下敷きにして考えてみればいい。もしも将来、放射能に対するきちんとした防御装置が作られ、また放射能物質を空高く排出する装置も完備されたなら、最終的には東電や政府といった国家の機構を解体して、民衆の手に委ねていく。これが重要なんです。必要なのは目的であって、組織はそのための手段でしかない。組織があれば何かが変わると考える時点で、もう思考停止に陥っているのです。

（聞き手　野中ツトム・清談社　二〇一一年一一月一一日）

『撃論』三号　オークラ出版　二〇一一年一一月

「反原発」で猿になる

僕は以前から反核・反原発を掲げる人たちに対して厳しく批判をしてきました。それは今でも変わりません。実際、福島第一原発の事故では被害が出ているし、何人かの人は放射能によって身体的な障害が生じるかもしれない。そのために〝原発はもう廃止したほうがいい〟という声が高まっているのですが、それはあまりに乱暴な素人の論理です。

今回、改めて根底から問われなくてはいけないのは、人類が積み上げてきた科学の成果を一度の事故で放棄していいのか、ということなんです。

考えてもみてください。自動車だって事故で亡くなる人が大勢いますが、だからといって車を無くしてしまえという話にはならないでしょう。ある技術があって、そのために損害が出たからといって廃止するのは、人間が進歩することによって文明を築いてきたという近代の考え方を否定するものです。

そして技術の側にも問題がある。専門家は原発事故に対して被害を出さないやり方を徹底して研究し、どう実行するべきなのか、今だからこそ議論を始めなくてはならないのに、その問題に回答することなしに沈黙してしまったり、中には反対論に同調する人たちがいる。専門家である彼らまで〝危ない〟と言い出して素人の論理に同調するのは「悪」だとさえ思います。

いま、原発を巡る議論は「恐怖感」が中心になっています。恐怖感というのは、人間が持っている共通の弱さで、誰もがそれに流されてしまいがちです。しかし、原子力は悪党が生み出したのでも泥棒が作ったわけでもありません。紛れもなく「文明」が生み出した技術です。

今から一〇〇年ほど前、人類は放射線を発見し、原子力をエネルギーに変え、電源として使えるようにしてきました。原子力をここまで発展させるのには大変な労力をかけてきたわけです。

一方、その原子力に対して人間は異常なまでの恐怖心を抱いている。それは、核物質から出る放射線というものが、人間の体を素通りして内臓を傷付けてしまうと知っているからでしょう。防御策が完全でないから恐怖心はさらに強まる。もちろん放射能が安全だとは言いません。でも、レントゲン写真なんて生まれてから死ぬまで何回も撮る。普通に暮らしていても放射線は浴びるのです。それでも、大体九十歳くらいまでは生きられるところまで人類は来ているわけです。そもそも太陽の光や熱は核融合で出来たものであって、日々の暮らしの中でもありふれたもの。この世のエネルギーの源は元をただせばすべて原子やその核の力なのに、それを異常に恐れるのはおかしい。

それでも、恐怖心を一〇〇％取り除きたいと言うのなら、原発を完全に放棄する以外に方法はありません。それはどんな人でも分かっている。しかし、止めてしまったらどうなるか。恐怖感は消えるでしょうが、文明を発展させてきた長年の努力は水泡に帰してしまう。人類が培ってきた核開発の技術もすべて意味がなくなってしまう。それは人間が猿から別れて発達し、今日まで行ってきた営みを否定することと同じなんです。

文明の発達というのは常に危険との共存だったということも忘れてはなりません。科学技術というのは失敗してもまた挑戦する、そして改善していく、その繰り返しです。危険が現われる度に防御策を講じるというイタチごっこです。その中で、辛うじて上手く使うことができるまで作り上げたものが「原子力」だと言えます。それが人間の文明の姿であり形でもある。

だとすれば、我々が今すべきは、原発を止めてしまうことではなく、完璧に近いほどの放射線に対する防御策を改めて講じることです。新型の原子炉を開発する資金と同じくらいの金をかけて、放射線を防ぐ技術を開発するしかない。それでもまた新たな危険が出てきたら更なる防御策を考え完璧に近づけていく。その繰り返ししかない。

他の動物に比べて人間が少し偉そうな顔をできるようになった理由は、こうした努力をあきらめず営々とやってきたからではないでしょうか。

そして、仮に放射能の防御装置ができたとしたら、その瞬間から、こうした不毛な議論は終りになる。科学技術というのは明瞭で、結果がはっきりしていますから。

正直言って原発をどうするか、ちゃんとした議論ができるにはまだ時間がかかるでしょう。原発を改良するとか防御策を完璧にするというのは技術の問題ですが、人間の恐怖心がそれを阻んでいるからです。反対に、経済的な利益から原発を推進したいという考えにも私は与しない。原発の存否を決めるのは、「恐怖心」や「利益」より、技術論と文明論にかかっていると考えるからです。

もちろん、原子力を語るとき核兵器の問題は避けては通れません。

戦争で大切なのは、主として兵器ですから、改良して相手に勝るようにしていくのが戦時の技術開発です。そうやって開発してきた原子爆弾は、今や、人類を何度も滅亡させられるだけの規模に達している。しかし、人間が原子力という技術を手に入れたとき、それがどんな現実をもたらすかまでは想像していなかった。どんなに優れた人でも予想はできなかったのです。

一番分かりやすい例はアインシュタインだと思います。アインシュタインは相対性理論を提唱した理論物理学の大家ですが、原子力の利用については、原爆を開発することに賛成していますよね。しかし、アインシュタインは後で被害の大きさを知りショックを受ける。そこで「自分は原子力を兵器に用いることに反対した」と態度を翻す。核爆弾からどれだけ大量のエネルギーが生み出されるかという計算はできても、結果を見たら、とてもそんな反対賛成云々なんて軽率なことじゃなかった。あれだけ優秀な頭脳で、あれだけの業績を上げてきた科学者でさえ、とことんまで想定できていたかは疑わしい。

今回の原発事故も天災とか人災などと言われていますが、やはり危険を予想できなかった。つまり、人間は新技術を開発する過程で危険極まりないものを作ってしまうという大矛盾を抱えているのです。しかし、それでも科学技術や知識というものはいったん手に入れたら元に押し戻すことはできない。どんなに危なくて退廃的であっても否定することはできないのです。それ以上のものを作ったり考え出すしか道はない。それを反核・反原発の人たちは理解していないのです。

福島原発の事故が起きてから、よく思い出すのは第二次大戦後の日本社会です。当時、僕は敗戦のショックに打ちのめされて迷いに迷っていた。敗戦を契機にほとんどの価値観が一八〇度変わってしまいましたから。知り合いにも「もう日本はお終いだ」と自決する人もいた。

そんな中で、当時の大人たちが敗戦に対する責任をどう考えているのか、文学界の中でもそれを問う雰囲気がありました。

特に私は小林秀雄に、

「あなたはこの戦争とその結果についてどう考えているのか」

と聞いてみたかったのです。他の文学者はいい加減な答えをしたとしても、小林秀雄は尊敬していた人でしたから、何を考えているのか知りたかった。今のような状況の中で、答えが欲しかったのです。折しも若手文学者たちが先輩たち一人一人に意見を聞く機会があった。そこで、意見を求められた小林は、

「君ら若い人たちは、考え方を変えるのもいいかもしれないけれど、俺はもう年寄りだからね、〝今は違う考えになっている〟なんて言う気はさらさらない。だから、戦争中と同じ考え方を今も持っているさ」

と答えたんです。そう言われたら、突っ込みようがない。私はその答えを聞いて、小林秀

雄という人は、考え方を易々と変えることはしない、さすがだなあ、と思いましたね。世の中では時代が変わると政府も変わる、人の考え方も変わる。それがごく当然なのですが、僕はそれにもの凄く違和感があった。だから、福島原発事故を取り巻く言論を見ていると、当時と重なって見えてしまうんです。

原発を捨て自然エネルギーが取って代わるべきだという議論もありますが、それこそ、文明に逆行する行為です。たとえ事故を起しても、一度獲得した原発の技術を高めてゆくことが発展のあり方です。

僕はこういう立場ですから、保守的な人からも、進歩的な人からも、両方から同じように攻撃されて、言ってみれば〝立つ瀬がない〟という状況でした。批判はしょっちゅうです。それも、ちゃんと名を名乗ったり、政党や党派を明らかにしての批判ならまだ反発のしようもあるけど、覆面を被ったままでやっつけにくる。特に今みたいな状況の中では誤解のないように言うのは中々難しいんです。

しかし、それでも考えを変えなかったのは、いつも「元個人《げんこじん》」に立ち返って考えていたからです。

元個人とは私なりの言い方なんですが、個人の生き方の本質、本性という意味。社会的にどうかとか政治的な立場など一切関係ない。生まれや育ちの全部から得た自分の総合的な考え方を、自分にとって本当だとする以外にない。そう思ったとき反原発は間違いだと気がついた。

「世間で通用している考えがやっぱり正しいんじゃないか」

という動揺を防ぐには、元個人に立ち返って考えてみることです。そして、そこに行きつくまでは、僕は力の限り、能力の限り、自分の考えはこうだということを書くし、述べるだろうと思うんです。

『週刊新潮』二〇一二年一月五・一二日号

Ⅱ

3・11／以前

詩と科学との問題

1

一九四五年であつた。当時僕は科学への不信と自らを決定し得ない為の衰弱的な自虐とで殆ど生きる方途を喪つてゐた。暗い図書室の中に虫のやうに閉ぢ籠つて数学の抽象的な世界に惑溺しながら、僅かに時間を空費してゐたのである。当時の僕には読むといふ操作と眺めるといふ操作と直感するといふ操作とは同時的なものであつた。それは決して理解するといふやうなものではない。僕は唯時間が停止して動かぬといふ焦燥にやられてゐたのである。そんな時であつた。偶然な機会が僕を或る教室に運ばせた。僕は其処で遠山啓氏に出会ふことが出来た。あの〈量子論の数学的基礎〉なる講義は僕に異様な興奮を強ひた。最早動かすものもありはしないと思はれた僕の虚無が光輝をあげた殆ど唯一度の瞬間であつた。今思へばあの劈頭に語られた非ユークリッド幾何学は何ら特殊な問題を含んでゐた訳ではない。驚きが将に壊滅しやうとしてゐた僕の心の間歇をえぐつたのである。数学の認識的基礎を根底から脅威したと言はれるカントルの集合論に出会つたのは確か秋のことであつた。僕は今でも遠山氏の辛い面持ちと重たい口調を想ひ浮べることが出来る。氏はカントルが与へた集合の定義を静かに泌み入るやうに僕の心に叩き込んだ。未だ戦乱の直後で巷は不安と焦燥に充ちてゐた時である。

〈Eine Menge ist eine Zusammenfassung bestimmter, wohlunterschiedener Objekte unserer Anschauung oder unsers Denkens welche die Elmente der Menge genannt werden zu einem Ganzen.〉

僕は数学といふ純粋科学の領域に〈直感〉と〈思惟〉とが導入される様を判つきりと知つた。思考の野を急に拡大されて途惑ひしたが、やがてそれは僕が応用の場から純粋理論の場へ歩み寄る門出の誘ひであつた。

カントル以後数学は単一な論理的階程による思考方法といふ楽園を失つた。古典数学の持つ確乎たる論理性は感覚的思惟といふ心理的要素に風穴を明けられ、果しない迷路に彷徨ひ始めたのである。斯くて近代数学は量的因子の論理的演算の学から領域と領域との間の作用の学に変革されたのである。数学的な対象の性質は最早問題でなくなり対象と対象との間の関係だけが数学の主題と変じ、論理が僕達に強ひる必然性や因果性は数学の領域でその特殊な位置を失つた。

言ふまでもなく近代科学の発達は厳密な論理性といふ殆ど唯一の根底によつて支へられて来たが、その発達の本質となると、明らかに単一な論理的階程を否定するといふ方向に進んで来た。そして恐らくこの方向が示唆する処は自然現象が次元の異つた多葉な事実によつて支へられてゐるといふ、その単純な理由の提示に帰するのではなからうか。即ち論理性といふ単葉な次元は最早自然現象の全てを覆ふに足りないといふことの意味ではなからうか。最近の量子物理学が直面してゐる、微視的自然現象の確率的概念の完成といふ難問題も、恐らく科学史が踏んで来た従来の単一な論理的階程に依存する思考方法を変革するといふ方向に解決せられるだらう。微視的自然現象における現象に固有な時間と空間の間の流動的な《非因果律的な》作用概念の確立——当時僕はそれを集合論との類推によつて夢みてゐた。勿論空想である。だが僕には結論の取るべき形は既に自明のやうに思はれたのであつた。

今日批評家達が不用意に用ひてゐる科学性といふ言葉の概念は実は単一な論理性といふ概

念の代言に外ならないので、事実科学の領域が提示する科学性といふ言葉の意味は複雑多葉な問題を生起しながら、僕を果てしない迷路の方へ押し遣るやうである。

一般に〈科学は自然を変革してゆく〉といふ考へ方は何らの疑問もなく流通してゐるが、それは惑はしに充ちた空しい考へ方である。何故なら科学は自然を模倣してゐるに過ぎないからである。さうして僕達は模倣といふ意味の生起する様々な問題を徹底して厳密に考へる必要がある。科学が無限に多くの自然現象を組合はせて新たな現象を獲得することは可能なのだが、それが且て自然が試みた現象以外の現象を得ることが出来ないといふことは不思議なことではあるまいか。事実僕達はその様な例を持たなかつたし、今後も持ち得るといふ確かな根拠を見出すことが出来ないのだ。科学は恐らく自然を模倣するといふ決定的な桎梏を逃れる期は永遠に有り得ないのである。

例へば原子核破壊による膨大なエネルギイの応用的獲得といふやうな問題もその結果が影響する処が重大であるにも拘らず、科学的には見掛け程の大事件ではない。科学変化の応用的新次元の開拓——正にそれに違ひないのだが、この意味する所を誇張なしに把握することは余り容易なことではない。それは全く新しい現象の出現といふものではなく、自然が悠久の以前から試みて来た現象の新たな模倣の一例に過ぎないのである。原子力の応用といふ問題が呈示する重要さは、実は科学的意味のうちにはなくて、むしろ倫理的意味のうちにあるといふことを徹底して考へるのは良いことだ。多くの人達の錯覚はここに在るに違ひないのだから。

　高度の科学技術の発達による人間生活の簡便化といふやうなことがどうして自然の変革であり、人間の進歩を意味するだらうか。それが自然の変革といふ外観を与へるのは技術の複雑な組合はせが僕らに強ひる錯覚にすぎないので、その根底を貫く原理は幾つかの自然現象の単純な模倣に外ならない。そして高度の器械が与へる僕達の実生活の簡便化といふことも、人間の進歩と考へるより、むしろ僕らが着々と自らの智力の復讐を受けつつあると考へる方が正しいのだ。原子力の応用的実現といふことが僕らに提示した唯一の問題は恐らくこの人間的な余りに人間的な問題であつて人達が考へ勝ちな科学的意味の重大さでは断じてない。僕達の人間性が実生活の簡便化の極北で科学とぎりぎりの対決をしなければならない時がきつとやつて来るだらうし、それは人間存在の根本に繋がる深い問題を僕らに提示してやまないだらう。今日原子エネルギイの応用によつて巨大な破壊力を獲得したなどといふ奴隷科学者の自負など下らぬものである。

　この辺りで僕には文学と科学との問題が共通の領域で立現はれるのだが、どうも解き明かす術もない複雑な感懐を伴つて来るやうである。何故に僕達は書くといふ単純な原始的な操作を保存しなくてはならないのか。これは幼稚な疑問だが、斯かる疑問に一度も出会したこともない様な詩人が、詩の社会性とか詩の科学性とかを論じてゐる様は僕には果敢《はか》ないことのやうに思はれる。

2

詩作行為とは外的な意味で、自然現象のやうに不安定な流動的な言葉の状態を瞬間的に固定化し意識化する操作である。この操作は直ちに内的な意味に順応する。詩作行為とは自然現象のやうに瞬間的に明滅する僕らの精神の状態を持続し恒久化しやうとする希求に外ならない。僕らの個性的な思想の系列が詩作の上に現はれるといふ意味は、その思想の系列が意識の野を個性化し、それが更に言葉となつて現はれるといふ意味に外ならない。

斯かる時、詩の科学性とは言葉の科学性といふ意味に外ならず言葉の科学性とは意識の野の科学性の謂ひに外ならない。意識の野の科学性とは、僕らの意識作用の十全な同時的な触発といふこと以外の何ものをも指さないのだ。（1項参照）

斯かる時、詩の表現上のリアリズムとロマンチシズムとが対立し抗争するとは滑稽な事ではないか。何故ならそれは意識の野における感性と理性といふやうな互に次元の異つた限定し得ない要素の多寡といふことに帰するからだ。僕は斯かる無意味な対立から何物かを生み出すであらうことを、信ずる事が出来ない。僕らに必要なことは表現上のリアリズムとロマンチシズムと言ふやうな問題を人間の社会意識との関連において思ひ描くことではなく、言葉の構造の曇りないい解析を通して、人間存在の本質に思ひ到る道を行くことではあるまいか。〈詩が言葉を創造し或は変革してゆく〉といふ考へは、あたかも科学が自然を変革するといふ考へと同じく空しい惑はしに過ぎない。言葉といふ意味をあれこれの詩句（Vers）といふ事ではなく意識作用の外延的な表象と解すれば、言葉は且て人間が意識を持つに到つた時から少しも豊富になつたり、変革されたりしてはゐないのである。僕らは依然として原始的人間と同じ量の思想範囲と可能とを持ち合はせてゐるだけだ。この意味の提示するところは徹底して考へる必要がある。人間の思想が時代を追ふて進歩してゆくと考へるのは僕らの架空な自慰に過ぎない。それが進歩の外観を呈するのは、僕らの思想表現の組合はせの方法が複雑化したための錯覚に外ならないのだから。換言すれば言葉といふ意識作用の表象の、複雑な組合はせを僕たちは視てゐるだけなのだ。

例へばヴァレリイの思想をヴィヨンといふ十五世紀の詩人の思想と対比して、より進歩的であり且つ豊富であるといふ結論を引出すことは断じて不可能である。言葉の表現方法の複雑な外観を捨象し、更に両者の思想の骨格を抽象するとき、僕らは唯、個性に依存する質の差異の外に、何ら時代の変移が、人間の思想を変革してゐないといふことをまざまざと知るだらう。要するに人間は神と虚無との極北の間を振幅し得たに過ぎなかつたのである。

且てランボオといふ神秘的な野人が文学との異様に辛い訣別に際して〈地獄の季節〉といふ散文詩を遺して行つた。果してランボオはその〈季節〉を書いたのであるか。恐らく事実は全く逆な印象を僕に与へる。ランボオの辛い沈黙の上を言葉は、あたかも自然のやうに豊饒に、多彩に、しかも自然のやうに無秩序に、唐突的に、暴圧的に通り過ぎて行つたのではあるまいか。その移りゆく〈季節〉が地獄のやうに辛かつたからである。僕はランボオが天才であるといふ意味をあれこれの詩才の圧倒的な触発といふ風には考へない。それは言葉といふ人間の第二の自然が、全き相貌で、一人の人間と邂逅した稀有な事件だつたのである。彼にとつて詩とは言葉といふ自然現象を組合はせて新たな現象を得る科学（彼は錬金術と呼んだ）であつた。そして科学が当然自然現象を模倣する以外のものであり得ない様に、彼の詩も又言葉を模倣するといふ決定的な桎梏を逃れることは出来なかつた。如何に多彩な言葉の組合はせを装ほふとも彼が描いたものは正しく且て古代人が描いたあの根元的な祈りに外ならなかつたのである。

僕らは言葉の無数な組合はせの発見によつて無数の詩を創造することが可能である。そしてその組合はせは、自然界に生起するあらゆる現象がエントロピー増大の原理に従ふやうに〈意味〉といふ原理を喪失することが出来ない。且て海の外で起つたシュール・レアリズムの運動も、続いて起つた日本のシュール・レアリズムの詩の運動も、極めて単純な意味で〈意味〉といふ原理を喪失することがなかつた。ランボオがシュール・レアリスト達に依存せられたことがあつたのは、そのサンタックスの外観上の扱ひ方に如上のやうな共通な部分があつたからである。だが彼らの抱いた地獄はランボオの地獄とは全く異質のものであつた。見掛け上はともあれ、ランボオにとり着いた地獄は根元的な、それ故古めかしい人間的飢渇なのであつて、近代生活の抹消に足を払はれた脆弱な詩人の錯乱ではない。

あたかも科学がその発達の過程で、様々な倫理的な問題を喚起するやうに、詩が今後多くの詩派を派生し、如何に進歩的な装ひを凝らさうとも〈果して書くに価することが書かれてゐるか〉といふギリシャ、ラテン以来の、万葉以来の、古めかしい、本質的な問題を避けて過ぎゆくことは出来ないのである。

僕は明瞭な二元論者だから、思想は人間的な問題、詩は言葉の表現上のオオトマチズムの問題だとして、詩の技術者と化してしまつた詩人をも又、尊重することが出来る。だが僕は明瞭な古典主義者だから己れの辛い飢渇や夢を紛失し、あの〈未知なるものへの祈り〉を放棄した詩人を許すことが出来ない。

如何なる詩人も表現上の方法論が己れの思想を制約し、思想が方法論を空しいものだと観ぜしめる、あの人間的な余りに人間的な苦い重圧を逃れる期はないのだ――といふことは僕には自明の事のやうに思はれるのだが。

『詩文化』第八号　昭和二十四年二月十五日

〔対談〕科学の普遍性を問う

——長崎浩・吉本隆明

1

編集部／ここ数年、科学に対する関心が、専門的レベルを越えた拡がりをもって高まってきているように思われます。今年に入りましてからも、たとえば遺伝子操作といった高度な知識を要求される問題をめぐる議論が新聞・雑誌をにぎわしておりますし、マイコンブームに象徴される〝エレクトロニクスの大衆化〟現象も顕著です。こういった一般的関心の高まりのなかで、科学（技術）に対する批判もまた、当然あるわけですが、性急すぎるモラリスティックな批判の前に、科学的思考に問題あるいは疑問があるとすれば、それは本質的に言って何なのか、それを確認しておくことが必要であるように思われます。吉本さん、長崎さん、お二人とも、もともと理科出身の方々なわけですが、本日はその辺をお話しいただきたいと思います。

長崎　私は大学では地質学を専攻していたのですが、その後偶々口があって、物性研究所で一九七〇年まで物性物理学実験にたずさわっていました。

吉本　なるほど。それで物性論をなさっていて、どうしてやめてしまったのですか、科学一般とは離れておられぬとしても。

長崎　偶然な理由としては、一つには大学の騒ぎがありましたが、それ以前から、自然科学に中心的な興味をもてなくなっていました。

吉本　僕もある段階でやめてしまったのですが、偶然もあるかもしれませんが、共通なところもあるような気がします。興味をもてなくなったというあたりをもう少し話して下さい。

長崎　ふり返ってみますと、私の場合科学をやめたというのは、科学それ自体のためというより、戦後マルクス主義を捨てることとの抱き合い心中みたいなことだったと思います。

吉本さんは一九六五年から『心的現象論』を始められ、また二つのマルクス論が出たのが一九六四年ですね。この頃を契機に吉本さんの独自の自然観がはっきり出されてくるように私は受けとっていますが、同じ頃に私にも一つの転機があったように思います。それまで、私は戦後マルクス主義――戦後唯物論のなかでも最良の部分としての主体性派の理論のことですが――の自然観に強くとらえられていたわけです。自然科学ことに物理学や技術のことを考える枠組がそこから提供されていたように思います。つまり、労働の自己疎外論を軸に据えて、人間の自己活動としての労働とその対象としての自然を設定し、自然は労働を通じて無限に人間化していく——という見方ですね。黒田寛一氏にしろ武谷三男氏にしろ、社会関係を捨象したうえで技術的な労働と自然との関係を本源的な労働過程として設定し、この前提のうえに理論を展開していく。この見方に対する疑問が私の場合、大きな契機となっていたように思います。

どういうことかと申しますと、こういう見方は、労働という実践を通じた人間と自然との一元論だと称していて、外界の真理が人間の思惟に到達するかどうかというのは理論の問題ではなく実践的な問題である、というわけですが、ふり返ってみれば、実はこれは、認識論上の伝統的な二元論に理論的な始末をつけてはいないのじゃないか。ただ、もはや認識論上の懐疑にとらわれる必要はない、とにかく「実験と産業」が実践的に自然を切り拓いていって成果をあげているという歴史的事実以降に出発すればいいと言っているだけじゃないか。実は二元論が孕んでいた認識論的な問題を実践的事実的に解消して安んじてよいと宣言しているにすぎないのではないか。もしそうでないとすれば、逆に認識論的反省をするときに、反映論という素朴な二元論が出てきたり、あるいは梯明秀氏のように物質一元論の形而上学で二元論を克服しようとする試みがどうして出てくるのか。そうしますと、この前提のもとに形成された人間像、自然像は根本的におかしいのではないか、と思ったわけです。ちょうどその頃、偶然的な契機で現象学に接したことも目ざましい体験でした。そういったことがあって、戦後マルクス主義の理論的前提を捨てるということが、自然科学の世界観を崩してしまうということであったと思います。

吉本 なるほど。長崎さんの場合、自然科学から離脱した経過には、史観的なものがあったのですね。僕の場合、技術的工学的思考から離脱あるいは脱落したことの原衝動をどこに求めるかといったら、たぶん長崎さんの場合よりももっと文学的で、あんまり理屈はないのです。体験的にどうしてもついてゆけない、自分で自分を崩してしまうものがあったように思います。最初の決定的な時期は戦争で、戦争がなければあまり懐疑なしに技術工学的なことを専攻して職業にしていったかもしれません。戦争、戦後というものを挟んでの体験があって、自己同一性を保って技術的なことにたずさわることがどうしてもできない、そのままいくとどこかで自分を崩してしまうという体験が、僕の場合の脱落・離脱の根拠のように思います。僕の〈心的現象〉といったものへの特別な関心を還元していけばそこへいくような気がします。

戦後日本の唯物論で言えば、主体性唯物論の影響は受けましたが、どうもあきたらない、これではダメなんじゃないかという感じ方は常にあったように思うのです。黒田氏にしろ津田道夫氏にしろ、読んでみますと、これが唯物論だとしたら唯物論は嫌なものだ、嫌な感じがする、縮小感といいましょうか、つまり思考が開かれるというのではなく収縮されてしまう、そういう感じがするんですね。

この縮小感というのはマルクスを読んでも感じないものです。しかし、〈マルクス主義〉といわれる範疇の、史的唯物論、弁証法的唯物論といった哲学、その思考方法に拠る経済学などを読みますと、耐え難い縮小感、人間を萎縮させる性質があるのですね。これはどうもおかしいのではないか、ということで、それでは人間なり自然なりをどこで摑まえられるかというとマルクスまで遡行してゆくしかない。マルクスの何かと言ったら、マルクス自身が自然主義と言っている疎外論しかない。それしかないということで、〈心的現象〉を扱える唯一の可能性ある場所として疎外論の検討に向かったように思います。

編集部／お二人の科学からの〈離脱〉の経緯を語っていただいたわけですが、そこのところをもう少し具体的にうかがいたいと思います。つまり科学（技術）思考のもつ世界観に対する不信感とか違和感といったものが契機であったのか、それとも、科学的思考にはもともとそして最終的に世界観への内在的な欲求なり目的が欠如していて、そこに不満や違和感をもたれるようになったのか、そこなのですが……。

長崎　私の場合は、単純な形で後者でした。また昔の話になるのですが、私も、立派な科学者になるのだという小さい頃からの偏見をもって、自然科学の分野に入っていったのですが、私の場合、吉本さんとは時代が違いますから、そこにもう一つ、戦後マルクス主義があったわけです。この二つを俗な言葉でいえば両立させなくてはならない、という問題が科学者の卵としての私たちの眼の前にありました。そうしますと、最良の戦後唯物論からのそれに対する答えというのが、マルクス主義は科学なのだということに対する信頼感ですね。それでは科学だけをやっていればいいのかというと、もう一つ技術論からの問題提起が被さってきて、科学は技術という適用形態をとってくると必然的に社会的な、生産関係の問題が現われる。この第二番目の問題については、科学技術の世界のなかに身を置いてみて、そこでいわば一種の改良主義的運動をする、という具合だったのです。この二つが、われわれ科学者の卵の受け取り方で、なんとか調和させようとしていたのです。その場合、後者の問題は、将来就職してどこかの技術者になったらそうしていけばよいだろうということですが、前者は、実はそう簡単にはいかないわけですね。

科学を理論的にどう考えるか、マルクス主義も科学だということで変革に結びつける考え方には納得できない。他方で、学生運動を始めたりしますと、これはもう「主観主義」まるだしのわけですね。この主観主義とそのしでかしたことに意味があるとすれば、それを考えることは戦後マルクス主義の延長には全然繋がらない。当時は戦後唯物論がいろいろな意味で崩壊しつつありましたから、そういう流れのなかで反省を強いられたとき、先ほど申しあげたようなマルクス主義の認識論の問題に対する一種生理的な嫌悪感をもちましたね。ですから科学の前提に安住できないという兆しを感じたのは六〇年であったと言うべきでしょう。

吉本　僕の場合はちょっと違うのです。科学的技術的思考をする環境とか構造が、一般的にもつ思考の型といったものに対するある種の嫌悪がありました。いまでもあるのですね。その型というのは、判断と論理の明晰性なのですが、一方から言うと単純性です。つまり、ある事物が存在した場合、それに対して判断を下すときの条件というのは無数にある、その無数の条件が極端化すると、その事象に対して判断を下すことは不可能になる――ということはあり得るのですね、実感的に言って。ところが科学的思考の型で言えば、その不可能性はあるとしても、とにかくそれを否定して、判断して次にいかなければならないことになるわけですが、そういう型に対する嫌悪が極端につのってきたように思います。僕はそれは自分のなかの文学だと思っています。科学的思考は実証的思考と経験的思考と両方考えられるのでしょうが、僕の場合、いずれにしてもそれが論理として展開していくと、自分が無限に遠ざけられて、それが大きな要因だったように思います。

編集部／科学的思考は大別して生物学的それと物理学的それの二つがあって、極論すればこの両者の確執が科学史だという言い方がありますね。つまり生命現象を物理学的方法が描き尽くそうとすると、生命の側がそこでとらえきれなかった現象を提出して異議申し立てする、そうすると物理の方がまた新しい方法を提示する——その繰り返しだというのですが、吉本さんのいま言われた嫌悪感というのは、生命・人間をとらえつくそうとする物理学的思考・方法への不快感と受け取ってよろしいでしょうか。

吉本　いやそうではないのです。その意味では僕は科学的な気がするのです。つまり僕は、人間の生理（身体）過程については、もしかすると精神過程のある部分についても、物理学や科学あるいはそれらを基礎とする生物学が発達していけば、未知でなくなる部分がたくさんあるように思っています。しかし、精神現象とか意識現象、あるいはそれが生み出した文化現象というのは、まったく次元の違うところに依然として存在し続けるだろう、化学や物理学が、一般的に言えば自然哲学が、それらを同一次元で解明することは不可能であろう、ということなのです。

長崎　その点が吉本さんの非常に大きな特徴の一つで、科学的展開に対して絶えず関心を開いて、受け容れることのできるものは積極的に受け容れておられるように思います。

私の場合、認識論に対する嫌悪感から自然科学的な世界観そのものを一つの歴史的現象として関心の外に置いてしまう。ですからその後、自然科学の発展やその成果に対して関心が閉ざされてしまう。全共闘運動以降の科学批判の流行という現在からふり返ってみると、かえって逆にそのことが、いまは私の反省材料になっています。一九六五年当時「認識論から存在論へ」というスローガンを掲げて、一度嫌悪をもって認識論を捨ててしまう、そうすると自然科学を支えている存在論や論理が見えてくるんだ、ということでした。すると自然科学とは別な世界が同じ権利をもって存在しうることを知らされることになります。自然科学に関心を閉ざしたまま、近代的思考が無視していた、たとえば中世世界とか文化人類学的世界の方向に関心が傾斜していったように思うんです。

そういう反省から吉本さんのお仕事を拝見してみますと、一方では自然科学への関心を開きながら、他方、純粋意識のレベルもにらみながら、その両方に還元できない〈心的現象〉の領域を確保されようとしていますね。私自身はもう一度認識論のレベルに帰ってみなければ科学批判を進めることができないのではないかといまは思っています。

2

吉本　いまでも僕は、科学者が自分の専門の領域を敷衍して世界現象一般を解釈しようとする態度には否定を感じます。自然科学の方法は客観的事実、客観的実在については語れるとしても、それを普遍化することはできないと思います。

同時に、マルクス主義の場合もまた、普遍化はできないと思います。最高のマルクス主義といった場合、僕はレーニンの『唯物論と経験批判論』だと思いますが、そこでレーニンは、客観的真理と客観的事実と客観的実在を、全部イクォールにしているかのように思えるのです。客観的実在という場合、人間の感覚にとらえられたもので、人間の外側に人間の感覚と明らかに独立に存在するものだ、といった言い方をしていますね。しかしこれはすこぶる問題なのであって、たとえば、これは長崎さんの専門になるんですが、素粒子は、感覚ではとらえられない。いろいろな媒介を設けることによって究極的には感覚ではとらえられるのでしょうが、それには何段階も必要である。とすれば物質という概念自体、危うくなってきているわけですね。それからレーニンは、客観的実在を真理として客観視している。実在と真理とは概念としても範疇としても違いますね。真理という場合には人間の精神現象が介在しているのですから。人間の精神現象の外にそれと客観的にある物理が存在し、それを認めることが客観的真理を認めることだ——という具合にはならないのですね。そうすると、この段階のことが、少なくとも現代では、無効になりつつあるのではないかと思うのです。現象学は明らかにこういう考え方に対するアンチテーゼです。フッサールは、超越的存在、つまりレーニンのいう客観的実在を全部排除しよう、排除して、直接的に、あるいは意識に内在化して直観されるもの、それだけが対象として存在する、そう考えようと言っています。これはレーニン的思考に対する強烈なアンチテーゼですが、しかも観念的なアンチテーゼではなく、客観的実在とか自然科学的対象といったものは括弧にいれておこうではないか、括弧にいれたうえでなお確実だというものだけを対象にしようではないか、と言っているのですね。ハイデッガーなどは、もっともレーニンを意識しているのではないかと思えるところもあるのですが、この辺をどう考えますか。

長崎 私の場合も、嫌悪もしくは懐疑の対象は最終的にはレーニンの『唯物論と経験批判論』でした。これに対する現象学の破壊力というのもめざましい体験でした。レーニンの認識論には、科学は実在の真理を知り得るか、ということに関し、矛盾した二つの立場があるように思います。

一つは、科学的実践が対象とする個々の実在ということで、こんなにいろいろな実在を科学は自己の認識領域にとりこんでいるではないか、不可知論とは何ごとか、ということでバークレー以来の懐疑に対して論駁するわけです。実在に対する認識可能性の論拠として、コールタールからアリザニンが取り出せることをあげるのですが、同時に物自体の不可知論に対する反駁までとり出しちゃうわけですね。要するにこれは、個々の実在を認識できるというだけの話であって、実在と思惟との対立という伝説的な認識論上の問題には一指も触れていないのが実状だと思います。

吉本　そうですね。

長崎　そこでもう一つは、「哲学的カテゴリーとしての物質」ということを言うわけです。レーニンは、個々の物質認識というレベルで論議していたのでは不可知論に反駁できないということを感じていて、物質とはカテゴリーとしてあるのだ、と言いだしたのですね。これが、実は戦後のマルクス主義の認識論に非常な混乱を与えて、この「カテゴリーとしての物質」は人間の思惟にどうやって到達できるのか、ということが問題になりました。レーニンによって物と心の二元論が純粋な形でマルクス主義のなかに再現されたという経過をたどったのですが、この場合、日本のマルクス主義がとった考え方では、「カテゴリーとしての物質」のなかに一種の意識をはめこむ、いわゆる「主体性原理をもった物質」というものです。これが、宇宙開闢以来の自然史的過程をたどって人間の脳髄に到達する。しかし、自然弁証法的にではなく、人間が出現した、あるいは人間が実践を開始したことが契機となって人間に到達することになった。

つまりヘーゲル的に言い換えれば「ガイストとしての物質」が存在するということになったのですね。その意味では形而上学的認識一元論を構築せざるを得ない源にレーニンがあるわけですね。単純な反映論的にスターリン主義を脱しようとするとそこに向わざるを得ない、そういう状況があったように思います。

吉本　もうひとつの、レーニンの物質規定はどうですか。

長崎　物質といった場合、もともとはその名の通りソリッドでリジッドな、視覚的によりも触覚的に摑むことができる、そういったものとしてロックのころからイメージされてきたように思います。歴史的に言っても、自然に鍬を入れて開発していくというときの第一の外界のイメージというのは、やはりソリッドな物質感覚だったと思いますし、これが人間の思惟とは独立に存在するとみなすことが、人間の「盲目的な本能」になってきたと思います。生産という概念自体が、人間の自然に対する対象的な労働を離れてはあり得ないわけで、外界のソリッドな物質に触れ、これを自らのものにしていくという生産のイメージが、物質世界と人間精神の伝統的二元論の背景にあったと思います。

けれども、それがいま、あらゆるところで崩れてきている、そこに現在の科学的思考の特徴もあるのではないでしょうか。この傾向自体は一つの必然であって、その場合、もう一度かつてのような二元論のレベルに戻ることはできないのではないかと私は思っていますが。

吉本　なるほど。レーニンが依拠しているエンゲルスの時代の自然科学では、物質というのは長崎さんが言われたようにソリッドな手応えをもったもので、それは分子とか原子とかいった非常に微細な粒子で成り立っている、そこまではそろそろ言われ始めていた。そういうなかでエンゲルスが考えた物質観、自然観というのは、もはや旧来のもので今日では通用しない。もっと違う物質観が存在しうるものならそれを明らかにしなくてはならない、それが今日の科学を考えるときの問題なのではないかという気がします。

長崎　エンゲルスの時代、十九世紀半ばから末にかけては、力学的な世界観に対してエネルギーの発見があって、両者の対立が世紀末いっぱい続くわけですね。両者の対立のなかでエネルギーをどうみるか、エンゲルスはどう考えていたのか、おそらくあまり視野に入っていなかったのではないかと思います。

3

長崎　話は変わりますが、私の学生時代には武谷三男さんの三段階論というのが大変有名だったんです。物理学の方法としても、歴史的な発展の仕方としても、現象論的段階、実体論的段階それに本質論の段階が区別されるというのです。理論としていいかどうかはともかく、方法上は便利なものだと私は感心しました。この分け方でいいますと、私は「現象論」というのが、実際に仕事をするうえで好きな方法だったですね。ここでは、現象論的熱力学の場合のように、ある事象がどのような実体から構成されているのかとか、その実体間にどのようなダイナミックな関係があるのかといった実体的構成がわからなくても、それがマスとして示す全体像は記述しうる、記述してゆく——これを物理学では現象論と呼んでいるんですが——そういう段階のことを言っているのです。そうしますと、一つの原子が隣の原子とどういう関係にあるのかといったことに目をふさいで、そうした関係が総体として析出してくる法則性を関数的に記述して、マクロな性質を調べていこうということになって、大変便利なのですね。現象論的段階、あるいは実体論を止揚した「場の古典理論」と言ってもいいと思いますが、そこではソリッドな手応えといった意味の実体を方法上消去して——これは他方で実体の容器としての「真空」を否定することでもありますが——物質を関数的概念で記述する思考パターンなのですが、これは方法上、古典的物理学的世界像の完成形態だと思います。そうして最近では物理的な意味で確立された場の理論といいますか関数的な思考が、あらゆる学の領域に——生命体も心的領域も社会的事象に対しても——拡大されている、そういう段階にあるのではないかと思うのです。領域は拡大されたけれども、しかし、なにか本質的に新しいとらえ方をしているかというと、それには大いに疑問があります。ただ、社会科学も含めて科学はもはやソリッドな実体という原点をもち得なくなっているような気がします。

編集部／実体を括弧に入れて一人立ちした関数的思考がそれ自体の純粋運動を繰り返して領域を拡げつつある、というお話でしたが、吉本さんに以前、数学的思考のもつある種の恐ろしさについてうかがったことがあります。あの恐ろしさというのはいまの長崎さんのお話と繋がっているのでしょうか。

吉本　いやちょっと違ったところにある恐ろしさであるような気がします。僕の言う恐ろしさとは、たとえば数学的認識とその記述方法を突きつめていったときに、それが自然現象あるいは自然の素子みたいなものをひとりでに表現できてしまっていることがある、これはたいへん恐ろしいことなのではないか、ということなのです。つまり数学的行為とは、ある公理となる条件を決めておいて、それの展開する系譜を作っていくことだと思うのですが、それがどうして自然の物質・自然の素子の挙動を表現できるのか。それは偶然なのか、それとも本質的に可能だとすれば数学的思考というのは恐ろしいものだと言えるのではないか、そういうことなのですが。

4

長崎　古典物理学の完成期ですとまだ楽観的で、関数的概念で自然をとらえることによって逆に「現実」を所有する、「現実」に無限に接近しうるのだということに懐疑はなかったんですね。ところがいままでは、こういう思考が学の全領域に拡大されますと、自然といい人間といい古典的な考え方に対する再定義が起こってきます。たとえば人間機械論の哲学の復興がありますが、ここで何を人間と言い機械と言うかということは、もはやデカルト的モデルで考える必要はない。それは言葉の定義、つまり文法の問題だというわけです。

私は、関数的思考が人間的事象の全領域にまで拡大されたこと、この意味で人間的事象を機能主義的にあつかうことは、方法上古典物理学の完成形態が適用領域を拡大したというこﾄと以上の意味をもっていないという気がします。ただ、そういう機能主義的思考方法の出現そのものの必然性はどうしても認めざるを得ない。それには一つにはこういうことがあるのではないかと思います。つまり十九世紀まで物質がソリッドな手応えをもっていたことにちょうど対応して、「実験と産業」の場面でこれに対する主体としての人間存在も、いわばリジッドなものとみなされていた。主体としての人間の個体が確固として信じられていたわけです。

ところが現在の機能主義的思考では、ソリッドな物質とともにこういう人間主体が方法的に放棄されるだけでなく、そういう人間主義的自然主義的人間生体に対する嫌悪があるように思います。かといって純粋意識のレベルで人間を摑もうとすると科学としては成り立たない。そこで十九世紀的な人間と物質の二元論を、二元論が事実成り立たなくなった現段階で、両者を方法上消去してしまうという形で否定する。消去した上で、関係概念として析出してくる法則性を記述していく――こういうことが言えるのではないでしょうか。

具体的に言えば、吉本さんがかつて批判された構造主義もそうだと思います。考えてみればもともと経済学、つまり価値形態論が早くもこれだったわけです。戦後的状況に特徴的なことでもあったと思いますが、武谷三男さんは三段階論のうち特に「実体論」が好きで、マルクスも価値形態の基に労働実体を考えたじゃないかと指摘しています。しかし、価値を関係概念として純化しようというのが、経済学で繰り返し再現する傾向なわけですね。

他に列挙してみますと、人間身体に対するサイバネティックス。あるいはいま認知心理学が「心」を機能主義的文法に置き換えることに熱中しています。広い意味で人間機械論の復興です。それにまた私の拡大解釈では、廣松渉さんのマルクス主義（社会理論）でも、自然主義＝人間主義的な自然と人間の関係が「場の理論」に置き換えられるわけですね。

そうしますと、吉本さんがなさっておられる心的領域のお仕事は、こういった機能主義的思考の出現の必然性を予感されたうえで組み立てられているように思われ、そういう気持ちで読んできたのですが。

吉本　長崎さんがいま言われたことは僕に対する過大評価です。僕が〈心的現象〉に取り組むときに、漠然と想定していたのは、ソリッドな物質観があやふやになっていて、それと同時に人間とか主体という概念が危うくなっている。そういうときどうしたらそれを摑まえることができるかといったら、ある了解性の次元を排除して、ある次元を採用するという意味の選択を、いずれにしろ拒否するということが先ず最初にありました。それ以上には、現在についても将来の事象についても先取り的な意味を持っていたわけではないのです。〈心的現象〉を扱うには了解性の次元の選択・排除をしては駄目なのではないか、それなら様々な了解性の次元が並列しうる場所というのはどこで可能なのか、それだけを考えていたような気がするのです。そうしてみますと僕の考え方には弱点があって、つまり曖昧性というか折衷性なのですね。現象学的排除も徹底していませんし、マルクス主義的固執も徹底していないという意味で曖昧なのです。いってみれば了解の網の目が大きすぎるからあまり意味がない、もし意味をつけるとすれば、中間に媒介となる条件とか事項を入れなければ成り立たないのではないかという感じがしていました。

廣松さんの話が出ましたが、廣松さんを含めてマルクスの読みかえをしようとするひとたちに、ぼくは漠然と疑問を持っているのです。つまりこれは人間概念に関ってくるのですが、人間は妥当的あるいは整合的あるいは論理的形式的に整合するようには、絶対に振る舞うことができない。労働でも消費でもいいのですが、人間の挙動は必ず過剰であるか過少であるというふうになってしまう。それが人間なのだということに対する根本的な驚きがマルクスにあって、それが「資本論」の自然哲学であり、疎外論であり、労働価値論の根底だとぼくは思っているのです。過剰にあるいは過少にしか振る舞えぬ人間に対する驚きを繰りこみたいというマルクスの衝動みたいなものを「資本論」から抜いてしまったらどうしようもないじゃないか——これが「資本論」の構造主義的あるいは現象学的読みかえの試みに対するぼくの根本的疑念なのです。

そこらへんまでがぼくのいえることで、ぼくが〈心的現象〉を考えるにあたって確信なり方途なりプログラムを持っているわけじゃないのです。

長崎 そうでしょうか。

吉本 いや、ほんとうにそうなんです。

長崎 心的現象論の了解のネットワークのなかには、もちろん最初から予期しておられなかったでしょうが、その後必然的にひっかかってくる異物があったと思うのですが。もはやかつての唯物論的還元主義が存在しえなくなっていることは自明ですし世の流行でもあるなかで、機能主義的な、あるいは構造主義的な人間理解というのは、重い異物として吉本さんの網にひっかかっていて、それに対する位置づけのための視点なり方法なりを用意しなければならないということが、吉本さんにはあったと推察していたのですが。

吉本 そこについてはぼくはこう考えています。構造主義は、いろいろな定義が可能でしょうが、結局、マルクス主義の最後の形態だ、ということなのです。レーニンは、マルクスの思想を客観的真理であると考えるのがマルクス主義者だ、というういい方をしていますが、そのレーニンによって最初に受理され、ロシアでついにうまくいかず、西欧で修正されて構造改革論となって、それでもうまくいかず、そこでもっとラジカルに論理構成を精密化し、かつ可能なかぎり普遍化していったマルクス主義の現在の究極的到達点が、構造主義だ、大ざっぱなぼくの図式ではそういう規定になるのです。

ぼく自身はマルクス主義はいかなる形をとっても生きられないだろう、しかしマルクスは生きられるという考え方をとってきました。それではマルクスの何が生きられるのか、といったとき、マルクスが哲学として生きられるのは自然哲学と自己疎外論である、それではどうしたらいいのかという問題意識で心的現象論を展開しました。そこで、どうしたら可能性をみつけることができるのか、どこを活体化できるのかを考えるとき、とにかく削らないことだ、選択しないことだと思ったのです。

構造主義は、先ほど言いました過剰あるいは過少にしか振る舞えぬ人間という部分を括弧に入れて、起こりうる個々の事態に対するラジカルな思考方法で、現在の世界に対する認識方法・解釈では最上のものではないかと思いますが、僕にとってはその括弧に入れた部分が問題なのですね。

長崎　私は構造主義をマルクス主義の最終形態だというようには考えてみませんでした。ただ十九世紀の古典物理学が完成し、そこから方法論が抽出され、適用世界が必然的に人間的事象にまで拡大されていった。その結果、古い意味での人間主義や自然主義が否定されていき、物理学的な計算可能な概念への人間の再定義化がされるようになります。概念的整理がひとたびなされると、そのレベルで無限に方法を進めることができるわけですから、「人間」と「自然」に対する知的破壊作業が進んでいきます。そうみてくると機能主義は必然性をもった思考方法であるとは考えられます。しかし同時に、再定義され消去された人間、自然の根拠に残るものに絶えず復讐される可能性をもった思考形態であると言えるように思います。

吉本さんは、人間は過剰あるいは過少にしか振る舞えぬという面で人間をとらえ、そういうふうに人間を駆動させ、外界と自分の身体に対する疎外関係に人間を追いこむものとして「自然」をとらえていらっしゃる。この自然と絶えず関係させながら〈心的現象〉の世界を展開されていると私は受け取っています。

私の場合、政治的世界を記述するに際してのことですが、三段階論でいう「現象論」の方法をわりと「意識的に適用」した面があります。政治における人間関係が析出せざるをえないある種の客観性として、政治的概念をとらえようとしたわけです。ただその際同時に、そういう政治世界を一面的に析出・形成するそのもとにあるものとして、共同的な倫理、人倫の世界をいわばせり残していくという方法を意識してもいました。関数的・機能主義的思考が一面的に形成されていく、その源といいますか、ですからそこから復讐される可能性のある源に、たえず思考を遡らせていかないと駄目じゃないか、科学的思考のレベルでいっても、そこが課題なんじゃないかと考えています。

吉本 なるほど、よくわかります。

長崎 最後に、もう一つおうかがいしたいのですが、吉本さんは、選択しないということを言われましたが、理論的営みというのは、たえず何かを断念しながら形成していくということがありますでしょう。私が何かからの機能主義的思考の形成、形成する源と申しましたのは、認識上、源を言語的にも方法的にも遮断せざるをえないという抜き難い力が働きますでしょう。科学的思考というのはこの源に対する極限的接近を根拠なく仮定しているわけですね。ここのところはどうなのでしょうか。

吉本 きょうの主題の科学的思考方法に引き寄せて考えてみますと、自然科学者が認識について語るとき、対象と解釈の間には客観性があるということが前提になっているでしょう。それは科学的思考および実験の範囲内では正当であるのですが、その客観性をあらゆる現象に普遍化したい、しようとする抜き難い欲求があると思うんです。

モノーを読んでいて感じたのですが、科学的認識を普遍化して人間を摑まえたいことは確かなのですが、抑制が利いていてそうは言わない。その代わりに結論として、人間は生理化学的に一種の偶然の所産なのだから、天国を選ぶか地獄を選ぶかという問題は依然として人間に残されている、という言い方なのですね。本来は自分のした業績と方法を普遍化して世界解釈をしてしまいたいところを抑制して、どちらを選ぶかという問題は残されていると言うんですが、それだけのことを言うのならば、何も言わないのと同じではないか、と思うのです。結局、人間という概念が全体としてあるのは、モノーのいう次元ではわからないことなので、モノーの次元では、人間が分子生物化学過程として、いくら解明されても、人間の総体には到達しない。マルクスの思想の場合でも、認識論的選択をした場合、同じことに陥ってしまうのではないかという気がするのです。どうしても選択が不可能といった読み方でマルクスを見返していく、それが僕にとっては一つの手がかりになるのではないかと思います。構造主義的思考も自然科学的思考も、本来的にはそれを普遍化して世界解釈をしてみたいといった強烈な欲求があるように思いますが、僕は世界解釈をするのにいままで条件が二つ必要だったとすれば、条件を三つにしたらあるいは四つにしたらどうなるのか、という条件の多様性、了解の多様性のようなものが要請されていて、これが現在の課題なのではないかと思っています。

長崎　抑制が本当の意味ではなされていない、というのが大部分の領域でいま起こりつつあることなのではないかという気がします。巨大科学・技術がとめどなく「人間」を侵略していく現実に対しても、道徳的な意味で抑制（節度）を利かせようとするくらいで、倫理的な抑制になっていないのが現状であるわけです。抑制の方法論的追求が現在の課題のように思います。

『中央公論』一九八一年十月号。『七〇年代を過る――長崎浩対談集』鹿砦社　一九八八年刊所収

原子力エネルギー利用は不可避

原子力発電は危険なことだから発電は勿論、原子力研究も一切やめようという考えがあります。しかし物質の究極構造を究めていくという人間の知恵の歴史に照らしても、科学の必然、資源の必然からみても、それは無意味です。理論的に可能な限りの危険防御装置を何重にもつくれば、やってもいい。でもそれが確認できない時はやるべきではないという世界通念を成立させることが重要です。技術が進歩すれば、核分裂や、さらには核融合のエネルギーを利用するのは不可避なことです。それを前提としない「反原発」には意味がない。では核廃棄物をどうするか。核廃棄物が最終生成物で、地下に埋めようが海に棄てようが溜まる一方で、我々が放射能に囲まれて窒息してしまうようなイメージを与えるのは非科学的です。これは宇宙における物質代謝を考えればすぐにわかることです。人工衛星を打ち上げるのと同じように、核廃棄物を打ち上げて宇宙代謝する。宇宙空間で処理できない物質代謝はないんです。科学的には可能です。やるかやらないかは別の問題です。人間の知恵、政治、社会、経済の体制の問題です。

ただ、安全性に対する危惧はどういう状態でも起こる。しかし人間の知恵の歴史の必然からいって、可能なかぎり危険を防止しながら原子力研究を進めるのは正当なことです。

現在、宇宙科学、素粒子論など人間の知の発達に比べ、経済社会体制の発達は遅れていて、両者はアンバランスです。これは今の文化・文明の根本問題です。原発が安全性の合意のないままに、技術のみが先行してつくられているという現状も、ほんとうの原因はここにあります。人間の歴史は大変なところにきているのかもしれません。しかしこれは次の段階への始まりなのです。すでにその徴候が現れています。赤子を産む人々に、恐怖ゆえの過剰反応が出ているとしても、それは放射能汚染を、自分の体や次の年代の人の問題として意識しだしたことだと思います。こういう、女性の反応は大切です。そして、人間の半分は女性なのです。

『婦人画報』一九八六年八月号

科学技術を語る

聞き手　小浜逸郎・高野幸雄

高野／吉本さんは、青春時代に戦争をくぐりぬけられ、またご自身化学者の道を歩もうとされていたわけですが、その当時科学技術の世界は、政治・軍事的な世界とのからみもふくめて、吉本さんの目にどのようなものとしてうつっていたでしょうか。また、もし現在科学技術の世界が当時とはちがったイメージをわれわれに与えているとすれば、それはどのようにちがってきているとお感じになりますか。

ぼくは小学校を出ますと、すぐ技術系の学校に入りまして、二年生からすぐ技術教育の時間がありまして、それからずっとそういうものをやってきまして、卒業するちょっと前に第二次大戦が始まって、その中で上の学校を受験する人がクラスの一割ぐらいいたんですが、それ以外は動員されて、動員された先がそのまま就職口になる。就職して一、二年たつと徴兵検査で、それに合格すればすぐ兵隊へ行ってしまう。就職と同時に工場動員で次はすぐ軍隊という決められたコースだったわけです。

ただ技術系の学校でもそれ以上の技術系の学校、大学の理工系へ行ったヤツは、軍隊でも技術将校という特典的なコースがあるわけです。要するに戦闘にはあまり参加しないで、将校として軍事技術の研究にたずさわるか、あるいは軍需工場の監督官になっていく、それ自体が軍事に直結していくということがあったわけです。

ぼくは徴兵検査を受けましたけれども、受験するということで、上級の高等工業というところへ行きました。そこでも卒業するときに、さらに上に行きたいなら行ってもよいということで、クラスで五人ぐらいが行きましたが、あとはみんな卒業して動員されていく、ただ正業の軍人になる人はまれで、大部分が技術将校ということで、軍事技術の末端につらなるというか、そういうルートがすでにしかれていたわけです。で、ぼくは五人ぐらいの制約の中で、もうちょっと上へ行きましょうかということで工業大学へ来たわけですが、来て一年ぐらいで授業はなくてすぐ動員ということで、この場合には法律的にかなりきつい徴用動員で、工場へ研究室ごと行って海軍の軍事的なことにたずさわるというのが必然のコースのようになっていました。

それで戦争が終わってフタをあけてみると、驚くべきことがあったんです。あるいは逆に言いますとそれは当然だろうなとも思えることなんですが。

で、それは何かっていうと、日本の理工系の学校や学者、研究者の場合には、純粋理論の他の人は全部軍事体制の中で技術的な研究をやっていたと思いますし、技術的進歩も軍事的な進歩と同じ意味合いで行なわれたと思いますけれども、戦争が終わってアメリカの科学技術や研究の文献がどんどんはいってきたわけですね。それで飢えていたから早速それをみて何かやっていくということになったんですけれども、それらをみてみると、論文のうしろに、これは海軍の何とかによる、とか、ユー・エス・ネイビー何とかとか書いてあるんですが、しかしその内容は全く純粋理論であったり、純粋科学であったりっていうことが、あるわけです。それは意外であるというか、ある意味では当然とも言えるんですが、つまり日本の場合だったらせちがらくてそんなことは許されもしないことなんですが、アメリカの場合は、海軍が委嘱したとか言っていても、軍事研究なんかと関係のない純粋理論であったり、純粋に理学的な研究であったりしたわけです。

これはものすごいことだな、これではかなうわけないよとぼくは思いましたね。つまりこれだけのゆとりがあるというか、事物を功利的な目前の目的に結びつけないような研究を、しかも海軍がやらせる、これでは勝てるわけないよ、根本的に考え方がちがうよ、というふうに感じましたね。だから日本の場合は、科学技術が全部体制の中に組みこまれていったと思いますけれど、それはしかし、必ずしも制度や国家や権力というものと、科学技術が一体化しちゃうものだということを意味しないとぼくは思います。ぼくはそれはちがうと思います。それは、日本や、あるいはロシアや中国みたいな東洋的国家だったらどこでもそうだと思いますけれど、しかしヨーロッパやアメリカの国家では、そうじゃないことをちゃんとしてると思いますね。今もしてると思います。だから、陸軍の科学技術研究所だから人殺しの道具を作ってるっていうイメージを抱いたら、それはまるでちがうと思います。

だけど東洋では、たぶんそうだと思います。日本だってこんどまたなったら、そういう体制に組みこまれていっちゃう可能性が今でも多いと思いますね。ただ戦争中ほどじゃないと思いますけれどね。それから少しは科学者も知恵がついているし、科学技術の本質っていうことについての考え方もいくらか知恵がついていますから、戦争中ほどみごとに組み込まれてはいかないでしょうけれどね、でもやっぱりぼくは、ある程度同じ体制にもっていかれることはありうるなと思います。

それは、別に科学技術の本質を語るわけでもなんでもないんですが、アメリカのそういうのみてて、あっと感じましたね。これで戦争してて、勝てる勝てないなんてのはとんでもねえ間違いだと思いましたね。それは単にゆとりとか物質的な何とかとかいうことよりも、理念的な敗北だっていうふうに、つまり、本来科学技術なんてそうじゃないものを、すべて実利的功利的な体制に引き入れていっちゃうそういう国家体制とか、国家についての考え方っていうもの自体がね、理念として敗北したんだよなあっていうふうに感じましたけどね。

高野／今の吉本さんのお話で、明治以来の日本の国家の中で、科学技術がどういうふうに受け入れられてきたかっていうことがすごくわかったような気がしたんですね。やっぱり実用、効用としての技術をとり入れることであって、学問としての科学が自立的に発展してこなかったという背景があったと思うんですね。それで、戦後の社会の変化っていうのがあると思うんですが、その中で、こうした面というのはあまり変わっていないところもあるんじゃないかとも思うんですが、どうでしょうか。

それはぼくは、戦後こんどは企業の中での科学っていうのを自分が現に七、八年やってきたのでよくわかっているんですが、やっぱりそれがあるんですよ。

日本で民間企業で電子顕微鏡が最初に導入されたときに、ぼくのつとめてた東洋インキっていうところにもそれが導入されてきて、ぼくは最初にそれを扱えっていわれたのでよく覚えてるんですが、それは国家の論理っていうか企業の論理っていうか、同じことなんですが、せっかくそういうものが導入されてきたのに、何をしろっていうかっていうと、別に研究しろっていうわけじゃなくて、ウチの会社の印刷インキのつぶのそろったところを拡大写真とってパンフレットにして売込みに使うっていうような、そういう使い方をやれっていうわけですよ。それはそこで金もらってるんだから、やれっていわれりゃやりますけれどね、そういう使い方ってのはもったいないじゃないですかって思うんですよね、せっかく有効な武器があるのに、宣伝写真とるためにこれ使ってるってのはもったいないと思うんだけれども、それじゃ何か少しやってみようかと思ってやる場合には、要するに宣伝写真とってるよって顔して、内緒でやるわけですね。もちろん印刷インキについての研究にはちがいないんですが、自分でテーマをこしらえて合間合間にやる。それをあからさまにやったら、おまえ何やってるんだって言われて、こうこうだって言ったら、それは絶対承認しない、そんなことやれって言わなかったっていうふうになっちゃうんですよ。だから知らんぷりして、宣伝写真とってるふりして、少し自分でテーマこしらえて陰でやる、そういうやり方しかできない。

今でも日本の企業ってそうだと思うんですよ。今だいぶ知恵もついてきてるからそうじゃないこともさせてるかも知れないけれど、大体において日本の企業の論理だと思うんですよ。これはまた、アメリカなんかの企業の論理はそうじゃないんですね。企業の研究で純粋研究や純粋理論の研究をさせますし、十年させて何の成果も返ってこなくたって別にどうというふうなことはないというふうにしてそうさせてると思います。ところが日本だったら、二、三年でも何かやって成果が上ってこなかったら、たちまちあいつはダメだ、企業に役立たんやつだという評価になっていくんですね。やったことがすぐ効果にあらわれて生産と販売に寄与しないと、もう評価されないという風潮が、資本の論理というか企業の論理というのか、日本の場合にはあると思うんですね。ですからやっぱり今でも、軍事の論理が企業の論理に変わっただけでさして変わりばえがないと思いますね。

だからぼくが信頼することがあるとすれば、科学技術が四十年間に自然に身につけた一種の科学技術についての本質的な考え方とかやり方っていうのか、あるいは、これがどうあったらいいのかっていうことに対する、自然に身についた知恵といいましょうかね、それだけは信用しますね。それだけはあると思いますね。それは、四十年経っていますから、戦争中ほどそうたやすく使われたりということはないだろうなと思いますね。その、わずかな知恵、〈自然の知恵〉っていうのを信じますね。イデオロギー的な知恵はぼくは信じないですね。だから原発反対とかって言ってる科学者がいるわけだけど、ぼくは全然信じないですね。つまりそれは科学の問題として言ってるんじゃなくて、一個の人間としてということで言ってるんだと思いますけどね。しかし科学者ったって別に開明的な人間でも何でもなくて、馬鹿なこと言いますからね。そういう言い方でもって原発反対とか何とかって言ってる科学者とか、公害は危険であるっていうような啓蒙的な著書書いてる科学者ってのは、ぼくはあまり信じてないです。ぼくはそういう知恵じゃないと思います。本当に自然に身についた知恵ってのは、たしかにあるはずなんですよ。

科学記者の叫び方、主張の仕方、啓蒙の仕方ってのが戦争中と同じなんですよ。軍事や戦争ではないけれども、逆なかたちで同じ事をしてると思いますね。そうじゃなくて、四十年間に身についた自然の知恵っていうのは絶対にあるはずなんです。それは世代としても信じていいし、科学技術の進展度としても信じていいような気がします。これはひとりでにあるはずなんですね。少なくとも現在日本の科学技術ってのが、質量ともに世界第二番目に位することはまちがいないと思いますが、これはどうしようもないと思いますね。これは、日本てのは奇怪な化け物みたいな国だとも思いますが、そこでの科学者なり科学技術者なりの本当の意味での意識の成長度とか伸展度とかというものが、どの程度あるのかなっていうことが、非常に大きく世代的な科学技術意識というのを決定するというような気がぼくはしますけれどね。

高野／先ほどおっしゃった科学と効用的な技術との関係についてなんですが、特に最近日本でも、基礎研究の不足ということがさかんに言われているのですが、今でも日本やアジア諸国が単に貧しかったから科学研究が充実しなかったというだけではなくて、ヨーロッパとの文化的な位相差というのがひとつあって、いわゆる学問としての科学というのを確立しえなかった、そういう土壌が非常にあるという気がするんですが。

それはあるんじゃないでしょうか。だから科学技術の問題でいえば、この分野っていうのは便利にできていますから、たとえば自分のたずさわったことで言うと、ある非常にすぐれた印刷インクができて、比べものにならないほど優秀だというので、これと同じもの作れっていわれたら、大体三ヶ月ぐらいやらせればできるんです。ただ、できますが、同じものといっても、本当はちょっとちがうものになるんですよ。それは何かっていいますと、たとえば水なら水っていうものの質がどうしてもだめだ、あとのことは全部いいんだけど、水だけがどうしても悪いとかね。あるいは、いい水を作るためには大量の装置が必要だとかね、あるいは水道水を使うなら水道水の質が劣るとかね、そういうことはいろいろ全般の問題に関わってきちゃうんですね。ですから、そこのところでの差っていうのはどうしてもあって、いくらがんばってもそれが残ってきちゃうということはあるから、科学技術というのは、他の文明や文化的要素の進展度と関連してきちゃいますから、つまり精神からすでに関連してきちゃいますから、それはどうしようもないということが出てきちゃうんですね。

たしかに現在では、日本は技術の問題は重要な部分では全部解決しちゃったと思うんですね。アメリカやヨーロッパでは、日本の技術をどうやって盗むかみたいな逆の局面も相当でてきてるくらいですからね。でも依然として、普通の日常にタッチするところでのこまごまとした技術に関連するところまできたら、それは一種の文明度の問題ですから、どうしてもちんばになってしまうというか、それでなければ、特別純粋培養してそれを作る以外ないっていうことになってしまうような気がしますけどね。そういう意味ではまだいろんなことがたくさん格差として残されていると言えると思いますが、大部分は、三ヶ月くれれば絶対作れる、今だったら、同時に作れる、あるいは先んじて作れるというふうになっていると思いますから、そこのところは世代的な問題でもだいぶ質がちがってきているとは思いますけれども、だけど依然として、全部の因習の問題だとか、生活科学の問題だとかっていうことを含めていえば、相当な無理がたくさんあるんじゃないでしょうか。

高野／その生活科学の面ですが、ぼくらの場合というのは、小さいころから今までを比べてみると、科学のイメージもここ二、三十年でずいぶん変わってきたなと思うんですけれど、ひとつは、今の子たちにとっては、科学技術が開発されると、それが全部日常生活の中に直結してきますね。コンピュータを子どもがおもちゃがわりに使うというような、こういうことは、ぼくらの子どものころにはちょっとなかったことで、科学技術っていうのは日常生活からちょっと離れたところにあったようなイメージだったんですが、そういう意味ではずいぶん変わってきたと思うんですね。吉本さんのお話をうかがうと、吉本さんの青春時代は科学技術が全部国家とか戦争に結びついていたということなんですが、その落差というのがずいぶんあると思うんですが。

それはありますね。たぶんそれは、子どもの日常のおもちゃとかマイコンとかの形でいきおいをもって身近にはいってきちゃった、はっきりと目に見えてきちゃったというのは、〈電子技術〉っていうのが非常な問題のような気がしますね。こいつをつかまえるっていうのが、こいつの本質的なものとか役割をつかむっていうのがたいへん大切なような気がしますね。それがずいぶんあずかって力があるんじゃないでしょうかね。身近な生活や遊びの中にすっとはいってきちゃうってことにね。

たぶん電子技術が、原料の量の問題を科学技術から全部排除しちゃったということが、生活の場面にはいってくる場合に非常にはいりやすい理由になってる。形とか扱い方とか値段とかも含めて、材料の巨大化っていうのをことごとく排除することができちゃったというのか、そういう質のちがいというのが、生活の中にすっすっす入ってきちゃうことのとても大きな理由のような気がするんですけどね。だから電子技術の革新というのは、従来の科学技術の革新とはちょっと質がちがうことのように思えます。その問題をこれから測らないといけないのかなと思います。石油、石炭、鉄鉱など、関連科学工業はみんな小型化して少ない量ですむようになっていきましょうから、重工業的イメージはだんだんなくなっていくでしょうし、それが生活に浸透していくことに関連がありましょうし、そういうことと、それからこの電子技術っていうやつのもっている質が、どういったらいいんでしょうかね、〈技術の技術〉みたいな面がありますね。ですから普通の科学技術の展開が等差級数的な差額で進展していくとすれば、電子技術の方はべき乗的に飛躍していくような、全く新しい段階なんだっていう気がしますけどね。

だから、風車や水車が封建時代を象徴するとすれば、蒸気機関ていうのが資本主義を象徴するんだってマルクスが言ってますけれども、それ流に言えば、エレクトロニクスというのは、〈何か〉に相当すると思いますね。その〈何か〉は、徐々に姿をあらわしてきているんだけれども、何であるかはまだうまくつかみきれていない、というところですね。

小浜／電子技術も含めて、今の技術の発達の仕方というのは非常に自立的な面をもっていて、現場の科学者も思ってもみなかった、こんなすごいものができちゃったよということで、現実的な利用よりも先走って開発されて、利用はあとで考えようというような面が、昔以上にはっきりと出てきていると思うんですね。それは、身のまわりの電子技術商品というのが、子供のゲームなどの遊びの部分に集中していることとか、あるいは、NTTの光ファイバーケーブルの開発のされ方などをみていると言えると思うんですが、こういう技術の自立的な発展に、利用の方が追いつかないといったことも、かなり新しい問題を提供していると思うんですが、どうでしょうか。

そうでしょうね。そこのところで、アイデアというか、机上の設計というものだったら、ある意味で素人でも、遊びなれている子どもでも、日常的な生活科学のところでも、そういう訓練がひとりでに積まれちゃってるということがありえますからね。その延長で、たとえば素人が企業とタイ・アップしたり、商品として利用していくとかいうことは、いくらでもありうるでしょうね。そしてそれはたぶん、科学以外のあらゆる分野、たとえば政治だって、このものすごい技術の攻勢というのに全部囲まれちゃう、だからこれはちょっとどうしようもないな、という感じがしますね。

小浜／そうしますと、古典的な政治なり国家なりが身にまとっていた、イデオロギー的な中心性とか神話性とか、あるいは宗教性とかいったものは、どんどんどんどん技術的な力みたいなものに浸透されていって、解体していく、あるいは無意味化していくというか、そこでは社会主義的なイデオロギーとか資本主義的なイデオロギーとかいっただのの差異なんか関係ない、どこでも同じだっていうふうに浸透していったときに、では、未来的な新しい国家とか政治とかっていうもののイメージがどうなるのかっていうのが、一番ぼくらが知りたいところだと思うのですが。

そうですね、ぼくはつまりそういうことが、生活の分野でも、それから一種の記念碑的な大きな規模のことがらについても、さまざまな問題を解決していくだろうと思います。そうすると、生活分野のところからいっても、生活を便利にさせたり向上させたりすると思うんです。ただ、科学技術が生活を向上させて、本来は政治とか国家とかが解決しなければならなかった問題が、一企業あるいは企業周辺の一地域があっさりと解決しちゃったとか、あるいは、一企業が周辺の地域に公害をもたらしたとか、ひどいパニックをもたらしたとか、逆の場合ももちろんあるわけですね。そういうように、本来的に国家がやるべきことがやられてしまうというふうになると思いますね。

それからもうひとつは、生活が向上するということと、苦がなくなる、生活苦がなくなるとか社会苦がなくなるとか、人間苦がなくなるとかいうこととは、まるでちがうことなんで、むしろそういう言い方をすると、生活が向上すればするほど、何て言いますかね、精神が関与する苦っていうのは増大するんじゃないか、向上に反比例して増大するっていうほどではないけれども、それが言えそうな気がしますね。つまりそれの解決っていうのはいったいどうするんだっていうことが、ぼくはものすごい問題として出てきそうな気がしますね。そこで、ぼくがさしあたって思うことは、生活を科学技術が向上させてしまうだろうとか、あるいは国家や階級が解くべき問題を科学技術や企業が解いちゃったとかいうことは、ぼくは、それは絶対ありうることだと思ってますからね、現に少しはその徴候も出てきてますしね、だからそういうことはありうるんだけれども、そういう生活の向上とか解決しちゃったとかは、それはそれでいいことなんであって、精神苦が増大しちゃったのをどうしてなんだということを、それと結びつけるのはダメなんじゃないかと思うんです。ただ精神苦とか文明苦というのは増大していくんであって、これは文明が生活を向上させたっていうことと結びつけるといけないような気がぼくはしますね。つまり対置させてはいけないという気がしますね。だから科学技術はダメなんだとか、文明というのは害なんだとかするのは、ぼくはちがうような気がしますね。だけれども、苦が増大するというのは、ぼくは非常に確かなような気がしますけどね。

小浜／そこでその精神苦というのをもう少し具体化して考えていきたいなと思うんですけれども、それはひとことで言えば、人間が作っている関係の病理がふえる、というようなことと解釈してよろしいでしょうか。

はい、ぼくは、本当は、それはいろんな要因があって、きちんとしなくてはいけないんでしょうが、さしあたって根本的な問題となるのは、速度あるいは時間だと思いますね。われわれの生活の速度っていうのは何に規定されるかといえば、最先端の企業の生産の回転速度っていうのがあるでしょ、つまり商品ができてこれを販売にまわして流通させるという、その最先端の経済速度といいましょうか、その時間というものが、末端の生活の時間をも相当巻きこんでいくと、つまり影響を与えていくから、何がいちばんきついかというと、時間じゃないかとぼくは思うんですけどね。

ふつうの人が、何もそんなにあせることないじゃないか、一応は食えてるわけだし、何をそうアクセクすることないだろうっていうのに、駅の近くの立ち食いソバ屋で朝めしすませて働きに行って、働きに行ったら最先端の技術の職場だったっていうようなね……何とも不均衡な気がするんですよね、何も立ち食いソバ屋で食わなくったって、家でののんびり生活度に匹敵するようないいもの食べていけばいいじゃないかっていうふうになるんだけれども、何か、何となく速度が合わないっていいましょうかね、影響されちゃってそういうふうになってる面てのがたくさんあると思うんですね。

小浜／その時間のスピードの不均衡みたいなものは、たとえば家族の中に流れる自然時間へどんどんどんどん浸透していって、関係をこわしていく要素になるっていうことでしょうか。

そうですね、それは生活科学が浸透していくほど、こわして、加工して、ちんばにしていきますからね。それがもう一種の強迫神経症なんかの一番の原因だ（笑）……さしあたって考えられるのは何かっていったら、時間ではないか、時間とは何だっていったら、一番わかりやすいのは、大企業の生産が循環している時間ていうのが決定してるだろうなって思いますね、それでもって相当影響されて、生理的時間にしたがってのんびりやってけばいい部分がたくさんあるはずなのに、それにせっつかれて巻き込まれているっていうことがありますね。

それから、今言いました電子技術っていうのがべき乗化していくから、それがうんと発達していけば、ぼくの考えではたぶん、たとえば八時間労働っていうのは三の自乗に近いですから、まず三時間ですむはずなのに、企業はけっしてそんなに労働時間を短縮しないですね。つまり、儲けると思います。剰余価値っていうのはたんまり取ると思います。それはうんと気をつけなくちゃいけないんですね。つまり本当は週二日で六日分ができるはずなんですよ。できるはずなのに、たぶんそれはしないと思います。八時間を六時間にするかもしれないし、週休二日にはするかもしれません、ひょっとして週休三日ぐらいはするかもしれない。だけれども、本当は電子技術っていうのはそうではないんであって、べき乗で労働価値を低下させていきますから、本来は八時間労働は三時間でいいはずなんですよ。だけどそのときに企業が、午前中だけで仕事は終わり、午後は遊びっていうふうにやるとは思えないんですよ。六時間ぐらいにはするかもしれませんが、そうすると残り四時間ぐらいは疲労ですよ、これは奉仕していることになりますから、それをチェックする問題っていうのは非常に重要なんで、これをだれがチェックするのかとか、どうやってそれをはじき出すのか、おまえこれくらいにしか回答してないとか、はじき出してね、そういう意味合いで要求するっていうのはいったいだれがするんだということは、それは総評がするとはぼくはとうてい思えない（笑）、じゃそれはどうするんだということになります。

それは世代的な技術感覚とも関係あるんだけれども、ぼくらの時代のように工業高校出てすぐ企業に出て行った人たちの場合ですと、末端の技術の実験にたずさわらされたり、上の人から、オレはこういうの考えてみたからおまえやれって言われて、装置組み立てたりして、そういうふうに働いてきたわけですね。で、今の人の場合はどうかっていうと、ぼく日産の多摩の工場ってのを、あそこはオートメのあれだっていうから、見学に行ったことあるんですよ。そしたらそこの説明の人がね、まあ、ぼくの名前知ってたから特にそういうこと言ったのかもしれないですけどね、ウチは結局オートメ導入して、その結果配置転換はもちろんあったけれども、大部分はこの企業で吸収したって説明するわけですね。そしてどういうふうに吸収したかっていうとね、今で言えば高校出たり中学出てすぐに現場で働いてるっていう人を、内部で相当大がかりに研修したっていうんですね。その期間をとってその間は働かせないで、それで技術革新に適応させたっていうんですよ。そして自分たちを一番支えているのはそういう人たちだっていうんですね。それが、ぼくらの時代で言えば、工業高校、今で言えば高校卒業して就職した人たちに該当するわけですね。それでね、その説明する人がいうには、日本の自動車産業がなぜいいといわれているかっていうと、いろんなこと考えられるけど、何がちがうかといったら、そういう、中学出て三年とか高校出てすぐ現場で働く人たちの力倆というか技術が諸外国に比べて格段にちがうというんですね。本来的に言えば、大学出たようなもっとエラいやつっていうのは、監督はするけれどもそこで実際にやるというのはなかなかできないんで、本当に現場で実際にやってる部分というのが、アメリカなんかに比べて圧倒的に優秀なんだ、と。優秀だし、そういうふうに自分たちは配置転換の問題を解決した、とこういう説明をするんですね、何かぼくらの前だからそう言わないとまずいと思ったのかもしれないですけれどね(笑)。

高野／たぶん、企業の中でそこの部分にかかるプレッシャーというのは、よっぽど激しいだろうと思うんですよ。ぼくはNTTに勤めてる人に知り合いがいるんですけど、NTTっていうのは技術革新はすごいわけでしょ。その人はもう四十すぎているんですが、リュックサックに資料いっぱいつめこんできたんで、どうしたんだってきいたら、これだけ勉強しなおさないとおっつかないんだっていうんですよ。それで自殺者が出たりしてね。だからたぶん、それだけのプレッシャーがかかると当然、少数とはいえそこからこぼれてくる人が出てくると思うんですよ。その人たちの恨みはすごい……。

ところで、科学技術というのはたしかに人間の能力を拡大したとは思うんですが、一方で個人個人を見ていくと、やはり能力差を非常に選別していくような社会になってきていると思うんですね。

そうですね、それはありましょうし、年齢的、世代的についていけない部分ていうのをたくさん作り出していると思いますね。

小浜／そのことと関連するんですが、技術の発達が生活様式や生活水準を変えていくと、少なくとも先進国では、貧困とか飢えとかの問題が、普遍的な政治課題としては解消しつつあると思うんですね。そうするとそこでは、階級っていうような概念が社会認識としての有効性を失ってしまって、むしろ新しい問題が出てくるという気がするんです。それは何かっていうと、いわゆる情報における貧富の差っていいますか、つまり、一方に高度な専門技術をもったひとにぎりの情報エリート層っていうのがいて、もう一方に、そういう技術のプロセスについて何も知らされないで、ただ成果を享受するだけの膨大な情報大衆層っていいますか、そういう階層っていうのが出てくるんじゃないか。つまりそういう、情報富裕層と情報貧困層っていうような、新しい階層概念の規定みたいなものが、たとえば必要になってくるような気がするんですが。

はい、そのとおりだと思いますね。ほんとうに新しい考え方の展開の仕方をしないと、階層概念の新しく発生してくる問題に適応できないと思うんですよね。

昔だって、発生の起源にまでさかのぼれば、貧困てのは何なのかって言った場合、もちろん生活苦でありましたですけどね、ひとつは、明日食べる米がないというのが、別に比喩じゃなくて本当にそうだったということが、貧困ということの非常に大きな実態でありましたけどね。だけども、貧困の〈苦痛〉というのは何なのかっていったら、それは関係の〈貧困〉

ですよね。要するに、そういうふうに生活的になっていった場合に、人間の本性に発するのか、あるいは社会的諸関係の結果に発するのかどうかわかりませんけれども、そのときに、明日食べるお米がないということは、考えを転換して、なあに、と居直れば苦しみの解消の仕方というのはないことはないんだけれども、ただ、どういうふうに解消しようが考えを転換しようが、解決することができないのは、人間関係が貧困になっちゃう、極端に言いますと、家族、親と子の中にしか信頼の絆とか共生感の絆とかがなくなっちゃう、もうここまで貧困になっちゃうと、隣りのうちもつきあうと何か貸してくれと言うかもしれないから、あんまり付き合ってくれないというふうになっちゃう。つまり貧困の苦痛というのは、もちろん明日食う米というような物質的なそれもあるけれども、やっぱり関係の貧困みたいなものが同時に苦痛の原因になるってことがあるんで、それは貧困の起源までさかのぼればそうなるんだけれども、社会技術的な、電子技術的な革新みたいな状態になってきますと、階層とか階級とかいう概念は、たぶん、〈関係〉がどうなってるんだ、ここのところで、その下で働いてる人たちの〈関係〉はこうなってるとか、少なくとも〈関係〉の問題、あるいは享受できる情報の量の問題とかね、そういうことを考えていかないといけない面が出てくると思いますね。だからおっしゃるとおりだと思いますね。

高野／経済的な貧しさっていうのがイデオロギーの持ってたひとつの課題であったし、

それを科学技術によって解決していこうというのが社会主義の中にもあったと思うんですけれど、ただ、その時代の人間の関係っていうのは、経済的な貧困によってかえって濃密な共同性みたいのがあったわけですけれども、そこらへんも、ある貧しさがあって、家族なら家族でかたまらなきゃならない、地域なら地域で何とかうまくやってかなきゃならない、ある程度は強いられているから強いられた中で人といっしょに何とかうまくやっていこうという、庶民の知恵みたいなものがすごくあったと思うんですよね。それが、他人と付き合いをしなくても自分だけでも生きて行けるということが、科学技術の発展、生産の拡大で、ある程度可能になったと思うんですね。そうすると、他者というか、人との付き合いがモノとおんなじで、何とか限られた中でうまくやっていこうというのではなくて、楽しけりゃつきあう、楽しくなけりゃつきあわないというふうに、モノと同じような欲望の対象でしかなくなってしまったということがあると思うんですね。だから他者というのも環境みたいな感じになってきた。

小浜／昔だと、個というものに還元されるといいますか、共同性から排除されることは最大の恐怖だったということがあったのが、最近は、個人と個人が適当につきあってやっていけるということがありますから、それほどの恐怖をよびおこさないということがありますよね。そのかわり、何か不安感は増大していると思うんですが。

漠然とした空虚な不安感というのは、一般的に増大しているんじゃないんでしょうかねえ。だけど孤独感のひとつのあらわれというのがそういうかたちで出てくるわけでしょうけれど、今おっしゃったように、他者っていうのが壁のように存在していてくれれば、必要があればそこをたたくでしょうし、必要がなければそのままという、けっこう自足してやっていくみたいな意味の孤独な人間関係っていうのは、若い世代のところではわりあいにもうできちゃっているんじゃないでしょうかね。これに外側から温度を与えてもう少し内容をもつようにするというようなことは、もうあんまり考えられそうもないなあって感じがするんですけどね。だからそういうふうにひとりでに関係がなっちゃってるところが必然的に出てきちゃっているっていうことなんですね。

小浜／そうしますと、テクノロジーがエロスの領域まで変えていくというか、直撃するというか、あるいはたとえば死のイメージ、個体の死を共同体がどういうふうに受けとめるか、たとえば埋葬という形で個体の死を受けとめていたのを、そういうこともやはり科学技術が力を及ぼしていって、だんだん変わっていくんでしょうかね。

そうでしょうね。そうだと思いますし、そう変わっていくんじゃないかなとぼくは思うんですけどね。これはぼくはちょっと見当がつきませんけども、これを見当つけてるのは、空想的な映画とか恐怖映画とかいうのが大体、自分らなりに見当つけてそれをやっていると思いますけどね、ぼくは相当程度そういうふうになっていくという感じがしますけどね。だから最終的にはどうしたらいいんだっていう場合に、ぼくは、何かしらないけど考えることはいっぱいあるんだ、これをいちいちみんな考えの組替えをしていくみたいなね、そういうことっていっぱいあるよって感じがしますね。

………（テープ切れ）

左翼的なところからすぐに反発されるところなんですが、ぼくはこういうふうに思ってますけどね。つまり、たとえば職場なら職場で、この職場こんな苛酷な職種なのに低賃金だとかね、この職場の体制はものすごい技術のあれも相まって管理度がものすごいとかね、もう六〇年代にもそういうことあったですけどね、たとえばボタン押すと各人の作業の成果がすぐグラフになったりするのがしょっぱなにひょっと置いてあって、ぼくなんか、こんなの貼ったりしやがって、すぐとれ、とか交渉しましたけどね、今なんかそういうのあって怪しからんじゃないかっていうようなことが現場でいっぱい出てくるような気がしますけどね。

つまりこれは階級の問題であるか、権力あるいは制度の問題であるかっていうふうに考えた場合、それは全部はいってると思いますけれども、しかしぼくは、自分が職場にいたころと今はちょっと考えかたがちがいますね。ぼくはこれは永久革命の問題だと思います。だからこれ、社会主義体制になってうるせえ野郎がいて、職場にグラフがついてた、これとれ、こんなバカなことないからとれっていう闘いは、たぶん永久革命の問題だと思ってますね。つまりそういうふうに視野を拡大しないと、これは簡単な問題なんだ、これは悪辣なる資本家を退治しちゃったらなおるんだっていう面ももちろんありましょうけれどもね、だけどそういうふうに考えない方がいいような気がしますね。だから一種の不断革命っていいましょうかね、これはどういうような体制になったってなくならない、あることができないかぎりはなくならないぜっていうふうに思って、これは些細なことであるけれども本当は重大だぜっていうふうに思った方がぼくはいいような気がするんです。

これはいわゆる、ぼく、身障者の問題とか、そういうのが永久革命の問題だ、これは最後に残る問題だ、あるいは最後まで残るから、最後まで考えるべき問題だ、これは体制変えれば変わるとかそんなんじゃないっていうふうにね、そういうことはね、ほんとに些細なようにみえることがね、相当すごい問題なんだとか、どうしてもそういうことが残っていくような気がするんです。つまり技術革新の現場でね。ぼくは前だったらそれを、企業が悪いんだとか、日本資本主義が悪いんだとか、えてしてそういうふうに言ってきたわけですけど、もちろんそういって改善できる部分ってのはあるんだけれども、だけどもこいつはやっぱり相当残るぜっていうふうな問題としても、そういう視野としても考えないといけないんじゃないかなと思うようになりましたね。

社会主義の下でもまだ階級はある、だから埴谷（雄高）さん流に、理想的には無階級のところにもってくんだ、もってくんだっていうのは政治革命の問題なんですが、前はこういうふうに思ってきましたけどね。ぼくは政治革命なんていうちゃちな問題じゃないような気がしますね。そうじゃなくて現場のところにもう、非常に些細なふうに残されている問題、あるいは目立ってきた問題で、それはかなり永続革命の問題だろうっていうことがぼくはずいぶんでてきているように思いますね。だからそういうふうな視点の転換みたいなこともしないといけないいんじゃないかなと思いますね。だから身障者の問題を差別意識の問題だとか福祉の問題とか、国家の援助次第の問題だとか、というふうなところで解けると思っているのは、ぼくは本当はそうじゃないと思うんです。そういうところで解けることもたくさんありますけれども、どうしてもこの問題、身障者と身障者じゃないっていうこととの問題はね、差別の問題っていうのは相当大きな問題、最終的にまでもたれこんでいく問題のような気がしますね。その類いのことってのは、小さなことのように見えて、これからあらわになってくるような気がしますね。

高野／具体的には、現場の労働時間と余暇時間ていうのが、こんなふうにはっきりと区分されてしまう状態が出現したっていうのは、非常にたいへんなことだという気がします。農業やってれば、労働時間と余暇時間とはいろんなふうに入り組んでひとつの生活を形成していたのに、きっちり集約された時間と、いわば無になったような時間と、こうかぎられてしまった、そこのその労働時間でその人のすべてが評価されてしまうような社会のありようというのは、おそらく社会主義社会になっても変わらないと思うんです。それがあるかぎり、差別問題というのも、その時間のところで全部評価されてくると思うんですね。これがやっぱり課題だっていうふうにぼくは思うんです。この時間をつきくずしていかないと、けっきょく階層の問題というのも解決していかないだろうと思うのですが。

そう思いますね。ぼくもそう思います。どうしてもそうなる、そこがいちばん重要なような気がしますね。

高野／それから、イデオロギーなり国家なりと、技術の発達した生産様式との関係なんですけれども、そこのところで、吉本さんのいわれる大衆像っていうのがずいぶん変わってきたと思うんですね。かつて貧困っていうものがあった時代には、貧困というものに対応してひとつの庶民が形成されていたのが、そこから解放された大衆社会というのが出現したときに、大衆というものが非常につかみにくくなってきた。これがひとつのイデオロギーにくっつくということではなくて、イデオロギーが多様化して、それぞれがそれぞれの物語を進行させていくみたいな形ができてしまったということだと思うんです。大衆のつかみ方というのがたいへんわかりにくいと思うんですが。

これはぼくもわかりにくいんですけれど、ぼくが大衆の原像みたいなことを考えたときには、物質的生活的な貧困と、関係の貧困と、ふたつから考えて、要するに自分の日常生活あるいは日常利害が関与するところに自分の関係意識あるいは生活意識を働かせるけれども、それ以外のことには、どんなことをもってきても全く無関心だというようなイメージをさしあたって作りますと、それが大衆の原像っていうもののイメージに匹敵するっていうことを考えて、大衆の原像っていうことを言ったと思うんですね。それで今もぼくは、大衆の原像っていうより仕方がないからっていいましょうかね、つまりそれより他ないから今でもそれは重要で有効だと自分では思いこんでいるんですけど、その場合の大衆の原像の〈実態〉っていうのはまるでちがっちゃって、今ではほとんど活字にも包囲されていますし、大衆文化現象にも包囲されている、それと科学技術現象にも接触されているっていいましょうかね、その中にも巻き込まれてしまっている、そういう実態を大衆の原像として思いうかべなければ、今はどうしようもないんじゃないかな、というふうに、ぼくは自分なりに実態の修正をしていると思うんですね。

ところで、この種の修正をすると、どういうことを考えなきゃいけないかというと、ぼくはふたつあると思うんです。ひとつは、古典的な、旧来的な意味での知識人と大衆の区別っていうのはまず曖昧になっていると考えた方がいいと思うんですね。ですから大衆も知識っていうものにたずさわるという必然的な環境に包囲されちゃっているということ、逆に言うと、知識あるいは知識人というのも、かつてどこか大学とか文壇でも何でもいいんですけど、そういうところで小世界を保っていると、そこで知的な生粋な課題があって、それを追究したり創ったりしていくと、それが成り立っていったっていう、そういうイメージが作れなくなっちゃって、もちろん大衆現象に相互浸透されてしまっているので、大衆と知識人という古典的な概念の区別というのは、まず混合されているだろうってのがひとつあるだろうと思います。

もちろんそれだからといって、知識的な課題がなくなるわけでもないし、不要になるわけでも何でもないんだけれども、それだからそれはたずさわるならば、ほんとに孤独にたずさわる他はないのであって、しかし孤独にたずさわっても孤独だというわけにもいかないので、いまさら孤独と賑やかさと対置させたってしょうがないということがあって、そういうことは自明のこととしてある以外ないってことがありますね。それでまた、少数のそういう人たちはいるでしょうし、必要でもあるでしょうし、考えとしても、従来の一種の純粋培養された雰囲気を作ってということは不可能であるし、そういう意味では、そこでの知識人対大衆みたいな区別はつかなくなっているだろうと思いますし、もちろんそれは、政治的な概念でいっても、前衛っていうものの消滅を意味するだろうとぼくは思いますね。そういうことが第一に考えなきゃならない大きな問題のような気がしますね。

もう一つ出てくるのは、大衆的課題っていうことが、従来の古典的意味だったら、多数の人たちの課題っていう意味は持っていたけれども、社会の全体的課題とか社会の命運を決する課題みたいなふうには思われなかった、少なくとも労働運動とか政治運動とかっていうのはそれを主体にして考えてきたわけだけれども、そうじゃない分野では考えられなかった。それがたぶん現在では、大衆的な文化の課題とか、そういうものが、量だけじゃなくて質としても社会の半分以上の、あるいは半分程度の大きな意味を持つ課題に転化してんじゃないかなって、ぼくは修正すべき問題じゃないかなって気がするんですね。

これはもちろん量の問題もいえるわけで、極端な像を描きますと、かつては大衆っていうのは、たとえば五割が労働者で三割が農民で、あとの二割か三割かが何らかの意味で商業ブルジョアジーや資本的なブルジョアジーだったというイメージを描けばよかったわけでしょうけれど、今は、社会の九〇パーセント、あるいは九八パーセントまでが「大衆」である、農民ていうのは〇・五パーセント、あと少数が企業家であるとか政治担当者であるとかね、ごく少数が残るというふうにイメージをかえていかないといけないというように、量的にはそうなっていって、質的には大衆文化の問題っていうのが社会の半分以上のウエイトを占めていくっていうね、そういうイメージを作らないと、どうも実態は合わねえっていうことですね。

小浜／その九〇パーセントの大衆の中でも、それがある単色の概念規定におさまるというのではなくて、それぞれが個別に多様な欲望や理念を抱いて、あっち向いたりこっち向いたりしていく、だから非常に包括的につかみにくいっていうふうになるんじゃないかと思うんですが。

そう思いますね。だからそれでもって、いろんなことの考え方を変えていかないといけないんじゃないかと思いますね。

高野／ぼくが大衆の原像っていうのが今も生きてるなって感じがするのは、イデオロギーに動かされる大衆っていうのが、一見反核集会なんかでどっと集まるけれども、実はそうじゃなくて、イデオロギー的にも非常に多様化してったこういう時代の中で、大衆っていうのはみんな自分の生活のためにイデオロギーをちょこちょこ利用してるような、そのくらいにイデオロギーっていうのが安っぽい感じになってきたといえると思うんですね。だからむしろ前衛っていうのは、大衆の方がはるかに今は前衛じゃないかっていう気がするんですが。

はい、そうですね。

小浜／そういうことに対しては、吉本さんもおそらく肯定的にとらえられてる面があると思うんですね。

で、山崎正和さんの『柔らかい個人主義の誕生』なんか読んでも、「面白い政治の終焉」というたいへん面白い言い方されてて、今の大衆状況みたいなものを非常にうまくおさえていると思うんですが、一方では西部邁さんなどのように、そういう状況への苛立ちをすごく率直に表明されている人もいるわけですね。そこで、これまで知識を職業としてきたさまざまな人たちが、山崎さんや西部さんの言説なんかをうかがいつつ、どうしたらよいかを思いあぐねていると思うんですが、いわゆる知識人の人たちがそうしながらとろうとしている自己位置のとり方といいますか、それはとてもむずかしいと思うんですが。

むずかしいと思いますね。だからこれは、どこからどういうふうに行ったらいいのかよくわからないと思いますが、さしあたって何となく実感と直感的に、これはどうもちがうんじゃないかということを鋭敏に、また率直に突いていって、何かそこで足がかりというか手がかりっていうのをつかんでゆくみたいなね、そういうやり方よりしょうがないような気がするんですがね。で、これ、何かまだ理論的にちゃんとしたイメージを組み立てていくっていうようなことは、とうていできないような気がぼくは自分でしてるんですけどね。

だから、ひとつは、いつも基本みたいなものに帰ってみるということと、現状というのをそのまま受けとったまま、これを自分の中で咀嚼していくみたいなやり方があるんでしょうけどね。その二つがぼくはあると思うんですね。

だから、大衆の原像ということでいえば、ぼくは大衆の原像ということで自分で描いていたのは、一種の零細ブルジョアジーっていうのと零細プロレタリアートっていう、まあそういうことばは本当はないんでしょうけどね、ひとりでもって両方体現しているようなやつを、大衆の原像として選んでイメージしてたようなんですね。具体的に言えば、労働者として会社行って八時間勤めて、家に帰ってくると、家では玄関の土間のところを少しくりぬいちゃってそこへ駄菓子屋さんの店を開いて子供相手にやってったというようなね。でも、子供相手に駄菓子屋さんやってるってのは、マルクスの規定によれば、これはブルジョアジーにちがいないんですね（笑）、どう考えてもそうなるんですよ。つまりそれは、一種の労働者にして零細ブルジョアジーっていうような、こういうのを両面で具現しているようなのが、わりあいアジア的社会からつながった日本の大多数の大衆のイメージっていうような、それでいけるんじゃないかって、ひとりでに思ってたと思うんですよね。それがいまは、零細ブルジョアジーと零細プロレタリアートの両面持った大衆自体のイメージがずいぶんレベルアップしてきちゃってて、そこでいろいろ考えなきゃなんないみたいなふうなことに当面してるような気がしてるんですけどね。だからこれはやっぱり、相当いろんなことを考えこんでいかないといけないなって感じがしてるんですけどね。

小浜／少し話は変わりますが、先ほど初めの方で、アメリカが軍事研究のはずなのに純粋研究やらせていたというお話があって、とてもおもしろかったんですが、おおざっぱにみて、近代というのは、我々の生活の必要をみたすという理念でもって技術をとらえるといいますか、生産の展開のための技術というところにおさまってしまったと思うんですね。で、実はそのこと自体が近代の特殊性なのかもしれないということを考えまして、本当は技術とか科学とかっていうのは、人間の内発性の方から考えていくと、アートだとか自己表現とか、あるいは詩作をするとかいうこととそんなにちがわないことなんじゃないかという気がするんですね。そこでいま、社会全体が近代の生産主義から離脱しようとしているような徴候がいろんなところで出ているのをみますと、かえって技術本来のイメージに近づいているのかもしれない、これはいいことか悪いことかわかりませんが、ひょっとして科学技術が、近代の産業主義べったりの束縛みたいなものから解放されようとしているのではないかなっていう気もするんですね。

で、吉本さん御自身詩をお作りになることで、吉本さんがやってこられた科学技術的なお仕事の御経験と、両方をからめましてそのへんのことをお話ししていただくといいなと思うんですけど。

ぼく、詩というのが今なぜ行きづまっているのかってこと、そういう面から説明できるような気がするんですけどね。

ぼくは、古典的な、産業主義的な科学技術っていうものと、詩っていうか文学っていうものの考え方の区分けに必然的に組みこまれたところで自分の詩っていうのを作ってきたような気がするんです。つまり、学校でいえば、学校では科学技術的な教育を受けているような学校にいて、適度な時間を作って片っぽうで詩を書いているっていう、つまり二元的にきちっとわけて、こっちの面で産業そのものの中にはいっていくっていう範疇の中でやってて、だけれどもそれでは満たされないみたいなことがあって、じゃその他にきちっとちがう時間を作ってってなやり方で、ずっとやってきた。これは企業にはいるとてもむつかしいことだったんですけど、それでも何としてでも、余りの時間が全部とられたとしても、二十五時間目を作って詩を書いていくっていう発想をぼくはとってきたから、この発想は、言ってみれば、もういわゆる生産主義的な、近代主義的な科学技術というものと、あるいは生産向上的な工業というものと、文学との関係を基本的に忠実にあれしてきたと思うんですね。これが、つまり近来、感性として行きづまってきたから、自分の詩を書く原動力になっていた感性が、要するになかなか現実をひっかけないことが、強いていえば自分ら「荒地」派とか、「列島」みたいな左翼の運動もそうですけど、そういうものがダメになっていく、行きづまった理由じゃないかと思うんですね。そこの再生っていうか、組みかえっていうのができてない。だからいろんなことを試みてやろうやろうとはしてますけど、うまくはいってないですね。うまくいかせようとは思ってんですけどね。

その場合に、今おっしゃったようなことはね、やっぱり産業主義に対する一種の反動としてもそうだけれども、しかし産業主義を超える科学技術っていうイメージを作っていったとしてもね、やっぱりその区別は、つまり産業っていうものを企業の一日八時間なら八時間の労働の中におしこめて、あとは……という、そういう科学技術の考え方は、科学技術あるいは生産と、そうじゃない芸術とか娯楽とかっていう、そういう区別の仕方ってのは、やっぱり高度な意味でも必然的にこわれるんじゃないかと思うんですね。これは自然過程としてもこわれるだろうと思いますね。もう少し高度になると必ずこわれると思いますね。

なぜならば、第一に、ぼくちょっとそういうことであれしたことがあるんですが、電子技術で、出勤しなくても仕事ができるっていうことがおこりうるんですね。そしたら、必然的にもうこわれますからね。こわれますし、そういう科学技術と文学みたいな区別の意味合いもこわれますし、また科学技術自体も、企業に集中されなきゃダメなんだとかね、八時間内に集中されるべきだっていうのもこわれる、ぼくはそれはわりに必然の勢いだと思いますね。

小浜／区別そのものが、そういう歴史的に制度化されて生まれてきたものですからね。それが今こわれかかってますからね。ほんとはそういう区別っていうものが混淆しちゃって、技術実践も詩を書くことも同じなんだってなってしまえばいいんじゃないかって、ぼくは思うんですが。

そうですね、そう思いますね。それがまあ、どうもぼくなんか、すぐそういうイメージを、零細ブルジョアジーにして零細労働者みたいになってきちゃって、何となく零細企業的なイメージに基本的に近づいてきてしまって、あんまりそれはいいか悪いかわかんないんですけどね。でもそういうふうになっていくだろうし、いかざるをえないだろうと思いますね。だからぼくはそういう方向で考えるべきだと思いますね。そうじゃないとね、詩っていうのをなかなか作れないんですよね。やったって何か空虚なんですね。そのほんとうの原因を考えればね、そこらへんのところがうまく自分で処理できてなくて、つまり古典的な意味の区別から出発して、企業が二十四時間占領するなら二十五時間目でやろうじゃないですかっていうふうにして詩なんか書いてきたから、その古典的なイメージがダメになってきちゃってね。

小浜／文学青年の解体というか（笑）、昼と夜があっておれは夜の側を行くんだみたいのが解体しちゃってるんですね。

そうそう、それがね、うまく適応できなくてね、それがぼくらの、今しきりにあれしてるところなんですがね。ぼくらの場合にはもう年齢が年齢だし、老衰とのシーソーゲームになってて、大なり小なりそうですね。「荒地」の人もそうだし、ぼく、日本のシュールレアリストってのはみんな、代表的な詩人、たとえば大岡信でも清岡卓行でも飯島耕一でも、みんな、古典にはいってっちゃってるんですね。古典をアレンジした詩を書くみたいな、そういうところへはいっちゃってますよね。それはやっぱりシュールレアリズムの解体ですよ。あんまりいい徴候ではないんですよね。仕方がないんですけどね。必然なんですけどね。いい徴候ではないんです。だから一様にみんなぶっこわれていっていると思います。だからそこはちょっと新しいというか、これからあれする課題なんじゃないんでしょうかね。

小浜／昔だったら文学青年に必然的に行くような若い人たちってのは、どういうところを志向してるのかなっていったら、やっぱり音楽とかSFとかへ行っちゃってるんでしょうね。SFなんてかなり文学青年的な世界におきかわったような気がしますね。

高野／それとコピーライターとかね、コピーライターの仕事の方がはるかにシュールレアリズム的ですね。

その通りでしょうね。だからあれは一応産業主義の、理想の形じゃないでしょうけれど、産業主義の一番束縛のゆるやかな部分でやってるから、けっこう冴えてるんです。ほんとはもっと産業主義のこわれたところでやればいいんですけどね。ただ、今はCMでも何でも産業主義の上に立ってるわけだけど、あそこは産業の中では一番ゆるやかなところですよ、CM部門というのはね。

小浜／ちょうど米軍が純粋研究やらせてくれたのと同じですね。今ちょうど日本も少しそうなってきたということでしょうかね。

高野／産業社会が何かそういうゆるやかな部分というか、ゆとりを持ちはじめたということなんでしょうけれど、その外でやろうというのがダメなんでしょうね。

小浜／外っていうか、要するに内と外っていう区別が自分の中で了解できなくなってて、何が外かって言えなくなっちゃってるんですね。

ええ、そういう問題ですね。それを必ずしも追いつめられたと感じない部分であれば、もちろん外であろうと何であろうといいわけなんですよ。

小浜／オレは外だ、って固執している人は、今暗い暗いって言われるんでしょうね。そういう人はきついですね。きついですし、場所なくなってしまいますね。ただ、そうじゃないような気がしますね。かすかではありますけれど、何となくみえるっていうか、何となくわかってきそうな感じってのありますね。何となくこうなるんじゃないかってのがわかってきそうな気がしますけどね。

高野／ちょっと具体的な話になりますが、ワープロっていうのがぼくは象徴だっていう気がしたんです。明治以降の国語改革っていうのが、日本だけじゃなくて東アジア全般の中で、たとえばローマ字化とか、漢字をどうやって簡略化しようかとか、いわば前近代的アジア的な中で生まれた文化が、西欧の近代技術を入れて近代化をはかろうとするときに、非常に不合理なわずらわしいものであるからということで、日本でもローマ字化とかが論議されたんですけどね。ワープロが生まれると、かえって漢字のむずかしさとか日本語のわずらわしさが、むしろ情報量が多いということで歓迎されてしまう状況が出てきたと思うんですね。そうすると、いわゆる前近代的だと思われてた文化の非合理性みたいなものを、今まではその文化そのものを破壊していくみたいな形で合理化していこうとしていたのが、今度は文化をそのままにして、我々の生活の中の便利さや合理性としてとり入れられてるような気がするんですね。そういう、漢字が保存されるような動きというのが一つの転換のような気がするんですね。

そうですね。おっしゃる通りだと思いますね。つまり漢字っていうのは視覚的に意味をもてる文字ですからね。ある意味では映像やなんかに対して、非常に適応性はあるわけなんですね。ですから、そういえそうな気がしますね。

小浜／そういえば、日本語をコンピュータで音声化する研究とか、漢字書かせるロボットとかいろいろありますね。そういうような研究の方向っていうのはたしかに、いかに日本語の実態とかニュアンスといったものに対して微細に分け入っていって、そういうものをちゃんと機械にやらせるかという方向になってますよね。それは漢字捨てちゃってローマ字化してしまえというのとはかなりちがってて、多様性を認めるというか、伝統をくり込んでいくというか、そういう方向を技術が持ちはじめたということは言えるかも知れませんね。

高野／ハイデッガーが技術論の中で言ってるんですけど、技術の本質っていうのは、人間が自らを人間たらしめるというか、かれは、詩を作るとか絵をかくことの中に、われわれが何かものを作った、絵をかいた、あるいは詩を作ったってときに、ある体験みたいなものを技術の本質だというふうにいってるんですけど、そういう意味からすると、そういうものを現代技術ってのは少し開発できるんじゃないかという一面が出てきたという感じがするんですが。

具体的に言いますと……？

高野／コンピュータで子どもが遊ぶっていうのを考えてみますと、今までだとたとえば子どもが鉛筆削るのができなくなったといわれている。鉛筆削るのおぼえるときに、ぼくら体験として、失敗しながら、あ、できた、みたいのがあるわけですよね。卑小な例だけれども、そういうところに人間の技術みたいのがあって、人間が自分自身の肉体に働きかけながらパッとあらわれてくるみたいな体験だったと思うんですね。で、それがたしかになくなってはきたんだけれども、自分の中に何かあらわれる体験てのが技術の本質だったら、それは、別にコンピュータを使ってゲームを作ったりすることでもかまわないんじゃないかって気がするんですけどね。だからそういう意味では、ぼくは技術発達の危機っていうか、人間が技術に支配されてしまうということに関しては、あまり心配はしてないんですよね。

だからその危機感をたとえば原発なんかに対して持つというのは、どうも……。

小浜／あの危機感というのは、もとをたどっていくと、人間は変わるものなんだということに対する、肝のすわらない恐怖感だと思うんですね。これはそれなりに根拠があるとは思いますけれどね。たしかに変わるってことはやっぱり不安があって怖いですからね。ただその場合に、どういうふうに変わっていくのかっていうことをヴィジョンとしてきちっと言えるか言えないかってのが、どういう理念や思想を立てるかの岐れ路になってくるような気がしてるんですけどね。

だから要するに、どういうふうに考えても、イメージとしてとれば、科学技術というのは人間の手の延長という意味しかとれないので、媒介の展開とか発展とか高度化とかが、手の機能の質を変えるでしょうし、手の機能の質を変えるし行動の質を変えると思いますけれどね、そのことはそういう意味では重大な問題だけれども、しかしそのことのために、人間が人間である根拠みたいなものがぼくは変わるっていうようには思えない、そんなものによって変えられるっていうようには思わないんですけどね。

だけど人間の機能的な意味でいえば、それが厖大な手の機能を人間が持っていくようになっていくってことは避けられないような気がしますし、また、原発っていうのは、原発っていうことのイメージが問題なんですけど、だんだん小型化していくわけですよね。エネルギーの供給量が巨大化していくほど装置としては小型化していくというのが方向だから、何か最後には原発で全部覆われてしまうというようなイメージはちょっとちがうんじゃないんでしょうかねえ。

小浜／みんなが廃棄物でまみれるとかね（笑）。

高野／原爆でもいまはトランクひとつにはいるといいますからね。

小浜／そういうふうなイメージの肥大化を支えてるのは恐怖のイメージですよね。そういう恐怖のイメージを大衆が持つ、あるいは大衆に持たせるようにするっていうのは、かえってよくないんじゃないかという感じがするんですが。その恐怖感に依拠して、たとえば核兵器そのものも肥大化させていくという政治家の戦略があるわけですからね。

ちがうところで恐怖しなきゃいけないのに、今の、そういう次元で恐怖するのはちがうというような気がぼくはしますけれどね。

小浜／先ほど、技術というのはどう考えても手の延長だというふうにおっしゃったんですけれども、それと、もう少し前の方で言われた、電子技術は技術の技術だっていうのとは、どういうふうに関連するでしょうか。というのは、技術のものすごい可能性みたいなものを考えますと、もしかすると、技術というのは必ずしも手の延長とだけは限定づけられないというふうになっていくかもしれない感じもするんですけど。

ええ、それはぼくもちょっと見当つきかねますけど、手の延長として考えますとね、たとえば手だったら、ここにこれを押したらこういうふうに動くだけだっていう機械があって、そのとおり動いたんだとすると、電子技術の問題ってのは、手がこういうふうに動かすためにこういうふうに触ったら、同時にこれがこういうふうに動いちゃったっていうふうな作用として、ちょっとマジックみたいですけど、そういう作用として手が機能するようになっちゃったっていう感じと同じような気がするんですけどね。同じ手の延長というイメージでいったとしても、マジックと同じイメージだと思うんですね。

ただこれがどうやって展開の仕方をするかという問題だと思うんですけど、日産の工場を見学したときに、最終過程で車の組み立てを全部オートメでやってって、それで電子技術をどういう使い方をしているかっていうと、この車種のこういうのの次に何がくるかっていうことについてはね、そこにバーコード使ってけっこうなかなか高度なことしてるんですが、でもみてたら最終的なところはやっぱり人がやってましたけどね。微妙な最後の仕上げのところはどうしても人になっちゃうんだって説明してましたけどね。

もうひとつは、そんなに高度なあれを使ってないですね。ぼく筑波の万博見たんですけど、なんかオートメーションロボット使ってるんですが、ここんとこに何か突然こういうのがおっこってきたとかね、こうなってきたらひとりでによけて作業してますよね。そういうことはできてるんですが、つまり一種高度なあれはできてるんだけど、それはやれますかっていったら、いや、それはここでは使ってないですねっていうんですね。なぜ使わないかっていったら、使うことの効果っていうのがここの作業では全然いらないんだというんですね。ほんとは技術的にはその方がいいし、わかっているんだけれども、それはあえて使わない、あえて使わないのはなぜかっていったら、その方がまだ生産の機能として割合がいいからそれを使ってるってことになりますから、なにかしらそこで一種の通路を規制するのはあるような、発展の通路を規制する何かはあるような気はしますけどね。必ずしも、より高度だからそれにかわるっていう単純な法則には従わないかもしれない気はしますけれどね。でも、相当高度なことになっちゃうじゃないでしょうかねえ。

高野／近代技術と前近代の技術とを分ける接点は何かっていったら、エネルギーの保存という形で近代技術が発展してきたと思うんですね。量がかんたんに質に転換できる、そういう意味では非常に抽象化されたわけですよね。そうすると、前近代社会の中では手の延長として考えられた技術、道具を使っていろんなことをするっていうことが、近代社会の中では人間の思考の延長みたいな感じになってきたと思うんです。何か不定型のエネルギーになって、それにいろんなアイデアを出せばなんでもできちゃうみたいな、そういう得体の知れなさというのがちょっと不安感を生み出しているのではないか。手の延長として考えれば大体予想はつく。だけど思考の延長というと、何を考え出すかわからないようなところがあるんですよね。

そうですね、それは何を考え出すかわからないという問題は、これからやっぱり突発的にいろんなことをもたらすような感じはしますね。それは不意打ちというのか偶然というのかわかりませんけれども、偶然だから必然なのかもしれないけれども、ともかくある偶然みたいな形で途轍《とてつ》もないことができちゃったとか出現しちゃったとかで、さてどうするんだって大わらわに対応しなきゃいけないってなことは、これからますます多くなるような気はしますね。不気味な気はしますね。

高野／筑波の万博で、一本のトマトの木に一万個の実が生《な》ってしまったというような

（笑）、これは手の延長というよりも、想像力を超えちゃったという感じがしますね。

小浜／核兵器以外で今一部の人たちにもっとも脅威を与えているのは、生活のレベルで、体外授精の発展上のある精神や卵子の操作の可能性だと思うんですね。そうですね。わりあいに近い将来に出てきそうな気がしますけどね。

高野／あれは何か、そうなっちゃうような……。ぼくもそう思いますね。

小浜／ええ、ですから、家族をどうするかってことは、昔は国家がイメージを与えたかも知れないけれど、今はそうじゃなくて、戦後かなりプライベートな領域というのが確保されて、大衆のひとりひとりが自分の家族をどうしていくかっていうことを選択していくようになりましたね。子供を何人生むかとかですね、かなり自由選択をするようになってきてますから、その傾向っていうのはおさえがたいと思うんですよね。

高野／女性の側からみたときの、女であることそのものがひとつの存在規定ではなくて、なんか実存の対象みたいな感じになってきちゃってると思うんですね。女であるとか、子どもであることもそのまま存在規定にならなくて、何か子ども自身が子どもをどう生きるかみたいな、そういうのが子どもとか女性とか、老人とか、全部実存の対象みたいな感じで対象化されてきている、そういうことがすごくあるって感じがするんです。

それは言われるとおりの感じがするなあ。だから老人社会とか老齢化社会とかっていうのは、そのひとつの徴候でね。子ども社会の問題ってのはやっぱり重大問題だぞみたいなことが出てきた。女性の問題も重大問題なんだけど（笑）、それが全部同じレベルで出てきそうな気がしますね。

小浜／ちょっと科学技術と離れてしまうんですけど、二つだけお聞きしたいんですが、ひとつは、今の体外授精に関わる問題で、厚生省が法改正の動きをすすめて、要するに「いい」卵子を残して「悪い」卵子を排するということができるような方向に持っていこうとしていますよね。そうするとその方向っていうのは、現に今この世で生きている先天的な身体障害者の人たちにハネ返って、私たちは「悪い」タネであるがゆえに生きる資格がないのか、人権否定の方向ではないかというふうに非常に反発している動きっていうのがありますよね。卵子の段階で「いい」もの「悪い」ものと選り別けをしてしまうのは、現に生きている身障者の人たちに対する差別ではないか、と反発しているという問題がありますね。それについて吉本さんはどうお考えになるかというのがひとつなんですが。

ぼくは反発の仕方は、できるだけ個々具体的であった方がいいような気がするんですよね。つまり、どういうところでどういうふうにどうやろうとして、どういう法律ができそうになっててこうなんだと、それに対してこうこうこういうふうに反対なんだというように、反対ということは与うかぎり具体的に、個別的にっていうふうになっていった方がいい。で、それを目標に掲げた方がいい。だから一見小さいような目標を掲げるような反対をしなければダメなような、有効じゃないような気がする、それがひとつありますね。

それからもうひとつは、ぼくはやっぱり根本的に言えば、この問題は永久革命の問題なんだっていう、不断革命の問題なんだっていう視点をもって、どうしても、そこからいつでも照射して光を当てて問題を考えていった方がいいような気がするんですけどね。たしかにその手の不気味なこと、一種そういうことが提起されること自体が、あれはもう根底的にいえば科学技術自体が厚生省をしてそういう法律を作ることを考えさしむるというかね、そういうことの根底には科学技術が条件を可能にしたということがあるわけですね。だから、根底的に、いつでも照射されてる視線があってね、それはかなり永久的なものっていいましょうか、恒久的な、相当射程の長いところから、つまり最終的なところから差してくる光線をあててみたら、これどういうふうになるかみたいな、そういうところでつかまえていくことが、問題をますます具体化してますます零細にみえるようなところで対応していくっていうことと同時に必要な気がするんですね。ぼくらがその問題を、おっかなくて目つぶっちゃったり、恐怖でひっつれちゃったりということを避けるためには、どうしてもそのふたつのことが限度を超えて必要な気がするんですけどね。ぶつかり方がそうじゃないかなっていう……。

そうじゃないと、ちょっとこわいですよね。おこってくる、突発してくることがらっては。そうするとそういうことをやろうとしている役人とか官庁とかの人たちが、どうしてもモンスターにしかみえないっていうふうに、どうしても恐怖でみえてきちゃう。その人は別に恐怖に値する人じゃないのに、出してくる問題は非常に恐怖に値するってことがスポッと出してきちゃったり、されちゃいますしね。何かその手のことといったいどういうふうに対応するんだっていったら、今言ったふたつしかないような気がするんですけどね。

だから、たとえば労働価値というものがゼロになってしまう、あるいはゼロという指標が無限大という指標でもどっちでも同じだという、そういう視点のところからみていかないと、身障者問題でも、良い遺伝子を残してなどといってる問題も、なにかそういう価値、労働価値といわないまでも、もっと広範な意味にとって行動価値でもいいんですけれど、そういうものがゼロでいいんだとか、無限大でいいんだとかというふうになったところの視点からそれを見ていったらどういうことになるのか、という観点がいるように思うんですね。

さしあたって非常に奇妙な観点になると思うんですね。つまり、二十歳で身障者になった人は、二十歳から死ぬまでの労働価値に該当するものを働き終わっているものとして考えるとかね。そういうふうに考えないと、差別の問題は現状ではなくならないですね。だけど、現状でそういうことを提起するというのは大変な気がするんです。だけども照射する観点としては、ぼくはそれが一番妥当な感じがするんです。それ以外の、厚生施設を作れとかというのは全部嘘だと思います。特に可愛がれというのも嘘だし、真正直に差別をなくそうとするならば、身障者が身障者になったときから死ぬまで全部働き終わったものとしての処遇を考えるというふうに、それが一番妥当な気がするんだけれども。こんなことを言ったら気狂い扱いされちゃうんだけれども。でも、照射する視線としてはそうなんであって、ぼくはそうして見ていると、いろんな意味で恐怖感とか変な意味の倫理感とか差別感から解除される契機はつかめるような気がするんですよ。どうしてもそれがいるような気がするんだけど。

選別ということも、それを大真面目に考えていくと、官庁の役人たちが考えているように、いい種を残してとかね、そんなことを打ち出したらなぜそれはダメなのか。要するに、「いい」種とか「悪い」種とかいうこと自体を言うことが大体おかしいんだということになると思うんです。これは長い射程で見れば絶対にそうなるんで、価値概念が無限大になったとしても、無限小、つまりゼロになったとしても、いい卵子とかいい精子とかいうものは成り立たんのであってね、悪い精子悪い卵子とかも成り立たないはずでね、だからぼくは、相当長い射程をとってみるということはとても重要な気がするんですよね。たぶんその手の問題というのは、すごく出てくると思うんですが、これは相当きつい問題として出てきそうな予感がしますね。それをうまくつかまえていくにはどうしたらよいかという課題にさらされそうな気がしますね。

高野／やはり、福祉施設を作っていくことによる待遇改善的なやり方というのは全く逆方向だと思うんですよね。ああいうのが戦後民主主義の自由と平等理念に全部からめとられていく、そうすると何か幸福になれるという幻想を作り出していくんですよね。それも、大きく言えば近代産業主義的な発想が根底にある考え方ですよね。

小浜／あの、もうひとつお聞きしたかったのは、吉本さんの対談集『難かしい話題』の中で、上野千鶴子さんと対談されたわけですが、かなりお二方が実感に沿って話されたのでくいちがいがあらわれて、上野さんが、女が子どもを産むことをいやがったりしませんよと発言しているのに対して、吉本さんが、いや、女が子どもを産むというのは苦なんだということで、それはどんどん極小にまで追いつめられることは避けられないだろう、一方上野さんは、女は絶対にそれを捨てないと言ってますよね。あのくいちがいについては、それ以後吉本さんお考えになったことあるでしょうか。ぼくは、自分の実感から言いますとね、どちらかというと上野さんの言われている方が正しいような気がするんですが。

なるほどね。ぼくはね、ウチのヤツにも言うんです。周辺で聞くとそんなの嘘だって言うんです。そんなことはないって言うんです。

小浜／どちらをですか？

いや、上野さんの言うことをですよ。あの人は子ども産んだことないんだっていうんです

よ。産んだことあったらそんなこと言えない……でもそれも普遍化できないから。

高野／ぼくが思うのは、子どもを産むのは苦痛なんだけれど、そこにしか女のアイデン

ティティを求められなくなってしまったんじゃないかと思うんですけれどね。だから昔

の人にとっては、子どもを産むというのはあたりまえのことなんで、産んで苦しいのも

あたりまえで、そこに女の価値を認めるとか認めないとかの問題じゃないんじゃないで

すか。だけど現在では、女の存在規定そのものが社会的生活的にあいまいになっている

から、子どもを産むという自然生理に対して殊更な意味づけをしてしまうんじゃないで

しょうか。

ぼくは違う次元で考えたことがあって、男にとって究極の女性イメージは何かというと、

男が青春期から老齢期にだんだん入っていったときに、理想の女性をどう描くかというと、

ぼくは大なり小なり母親像に収斂すると思うんです。老齢化するにつれてますますそうだ。

男にとって齢をとってからひかれるとすれば若い女性なんですよ。もっと極端に母親のイ

メージに近づいていくとすれば、それは少女であったりするわけで、要するに性行為がない

女性を描く、その極限が母親ですよね。だから、昔でいえば、齢とった男が芸者屋へ行って若い娘を水揚げする、あの齢とった男の道楽、それはある意味では普遍性があってさ、それは性的欲望の対象とならないような女のことで、それを極端におしつめれば母親になるわけです。

小浜／自分自身が幼児化していく。

そうですね。それで、包括してくれる感じをもつし、同時に実際の性的行為は存在しないんだけれども包括してくれる、だんだん老齢化してくるにしたがってイメージはそうなってくるような気がします。そうすると女性は逆なんで、それが男女のくいちがいの極限のような気がするんです。女性の方は、性的な体験を経れば経るほど一種居直ってくることが性的成熟だというふうに思いこんでるような気がするんです。つまり、異性に対しても性的に長けたそういう女を男性は求めるにちがいないみたいに一人で思いこんでいるところがあって、逆に言えば自分もそういうふうにふるまっちゃうようになっちゃうんですよね。それは大間違いだとぼくは思えますけどね。そこのくいちがいは男女の本質的なくいちがいのような気がしますね。

それは子どもを産むことが快であるか不快であるかということにもつながりますし、上野さん的言い方をすれば、乳幼児期にうまくやってればその人の生涯は狂わないことができるとぼくが言うと、そういうことを言うことによって女を母親にとじこめようとしている、というようなことを言われてしまうんです。ぼくにはそうは思えませんね。だから、それを解決したい人なら体外授精であり、極端にいえば人造人間授精であり、そういうふうにでもしちゃって、女性から一切そういう負担を解除する。女性にとってはそれは負担であると同時に快感であるかもしれませんが、それは解除する方向でしか平等にならないことになりますね。ぼくはそういうふうになっていく趨勢じゃないかと思います。それ以外に、女性が不利苦痛と思っている一種のルサンチマンを解決する方法はないんじゃないかと思いますね。

小浜／でも、苦痛というのも、苦しいからこそ体験の意味があるという言い方も成り立たないかもしれませんが、しかし個体の劇的なドラマにはちがいないわけですよね。そのドラマ性、体験性みたいなものが、エロス的存在としての女性のアイデンティティを構成する、自分の生命を鮮明にさせる一つの大きな媒介になる、そういう意味で捨てきれないんだというふうに解釈すれば、そんなに簡単に、体外授精の技術が可能であるから出産育児に関しても全部平等にしちゃえばいいんだというふうには、大衆の意識がなっていかないんじゃないかという感じがぼくはするんですがね。

そのとおりだと思いますね。そうなっていくにしても、ゆるやかな形でしか移行しないという気がしますけどね。

ただ、本当のところはぼくはよくわからないんですよ。男女というものの本質と、それから男女が結びつけば家族という枠組が必然的にできてしまう、それはわかるんですが、一方ではそれは不合理で不安定だという考えがたくさん出てくる要因はあると思うんですね。そうすると家族というのがあまり問題にならなくなる。何が問題かというと、家族が問題にならなければ無意識が問題にならないんですよね。無意識が同一化してしまうということになると思いますね。つまり、家族があるから無意識が形成されるのであって、多少遺伝的なものは残るでしょうけれど、無意識はそこにはあるんだけれども、無意識が全部同一化してしまうと考えてよいことになってしまう気がしますね。それがさしあたって一番問題のように思います。

で、上野さんという人が本当の意味で男女の問題を考えているんじゃないんだって思えるのは、あの人はまだね、制度が関与するイメージをもってると思うんです。子どもが産まれたら国家が育児機関を設けてとかね、社会が福祉機関を設けてどうするとかね。もっと言えば、育児共同体みたいなものを作ってそこで相互に助け合うとか。

小浜／そういうイメージだとすると、よくないですね。

そうですね。非常に近視眼的な感じがしますけれどね。それは、あの人無意識のうちにあるような気がして仕方ないんですよ。

小浜／それは、今、知的な女性だと仕方がないという面があるんじゃないんですか。そういうところに多少なりとも理念の方向をとっていってしまうというのは、根源には女性としてのルサンチマンがまだまだわだかまっているといいますか、ある程度、今の段階ではそういうヴィジョンが出てきてしまうのは仕方ないという気もするんですが。

ただ、今のマジョリティの部分、大衆の中での女性が吉本さんのおっしゃったように行くかというと、ぼくは上野さんの言われていることの方がやや実感に近いような気がするなと思うんです。

ただ、数字をとっていくと、やっぱり現象はそうなんですね。平均二人の子どもが一人になりというふうに、この勢いでいくとゼロになるというふうにね。ゼロになるのが理想だというふうにどうしても想定せざるをえなくなってしまうんです。

高野／そこら辺は、社会の要請というか、女も働きに出てアタシも金を稼いで家を建てたいとか、そういう事情があるからじゃないですか。

小浜／家ということもね、子どもという形でエロスの関係が外化していってはじめて家というものが意味を持つということがあるでしょう。それだと、子どもを産まないでいて何のための夫婦か、だれのために働いているのかというふうに考えていくと、家族関係とか夫婦関係を展開させていく一つの媒介項として子どもというのがあると思うんですけれど、そういうものが全くなくなってしまうというふうに人間の類的な感覚が向かうだろうかと思うんです。つまり、自分は仕事を持っていて、能力、つまり個人幻想の拡張だけでもって成り立ってて、個体と個体が結びついていく、そういう社会でいいんだというふうに、そういう関係になっていくかというのは疑問があるんですよね。もうちょっとエロスの威力、展開の力は深いような気がするんです。その深さの中に、子どもを産むということも関連性としてふくまれているんじゃないかと思うんです。だからそれはなかなかゼロにはならないという気がするんですがね。

そこが問題になるところですね。3が2になって、5から4になって、それはあるけれども、それじゃ1から0にいくかというと、そうなるかどうか、あるいは大多数の人が子ども0になっていくかどうかというのは非常に考えさせられますね。本当はぼくにはわかりませんね。そうなっていくという確信もないですね。ただ数字はそうなってますね。4から3、3から2、2から1という趨勢にはなってますね。1から0というのはちょっと重大な変化をもたらしますからね。家族の革命になりますね。さてそこへいくかどうか、ぼくには確信をもってちゃんと言えないような気がします。

高野／性というのを母のイメージだと言われましたよね。そうすると、そこでは男女の二元論的関係ではなくて、むしろ性というのは一元論なのかなあというのを今ふっと思ったんですが。つまり、男女の対立項としてとらえるのではなく、ある存在への渇望というか、そこへ包みこまれていくようなイメージだから。

そうですね。一元論に帰着してしまうような気がしますね。極端に論理的につめていったら確かにそうなってしまいますね。確信はありませんけれど、ぼくはそうじゃないか、それが男性としての性のイメージであるし、異性のイメージにどうしてもなっていくんじゃないかとぼくは思うんですが。

高野／確かにぼくらも、二元的な関係で激しく欲望していくのがどこかでわずらわしくなってきたりする年齢だと感じるんですが。どこかで、向き合っていく欲望と自分の中で求めているものとのズレを感じたりすることがあるんですが。

ええ、ぼくはそういう実感もふくめて、どうもそうじゃないか。あなたの言われるように一元的かもしれませんね。

高野・小浜／それではだいぶ長くなりましたのでそろそろこの辺で。どうもお忙しいところを本当にありがとうございました。


（一九八五年一二月五日、吉本氏宅にて）

『ておりあ』第6号　一九八七年一〇月三一日発行

科学技術の先端

科学技術の分野の仕事から遠ざかってしまって幾久しくなっている。でもかすかにこの方面への関心はのこっているらしく、新聞や雑誌にそんな種類の話題が記事になっていると、思わず眼をとめたり、メモをとったりしてしまう。いまは政治も社会も世界的な規模で大転換の時期だという気がする。これは世紀末の現象とかかわりがあるという向きもあるかも知れないが、わたしなどが一番考えやすいのは社会体制の変化や産業経済の変化がとても急速に未知の方向にむかって走り出しているという感じ方だ。このことについては、じぶんなりに把みきろうとして関心を集中し、それを披瀝してきた。ところが科学技術については何となく考えを集中する機会をもたないできた。でもほんとうをいうと、文化現象の基のところにあるのは科学技術だとかんがえるのがいちばんわかりやすい気がする。そして文化現象が急速に変化しつつある背後には、科学技術の急速な変化があるような気がする。わたしがメモしてあるこの兆候を三つほど挙げてみる。

ひとつは、東京電力の地球環境研究室が海水に生息している藍藻シネコシスティスという種が、熱帯林の四倍の炭酸ガス（二酸化炭素）を呼吸する力があることを見つけ出し、その藍藻類の人工培養に成功したという報道だ。わたしは熱帯の森林を保護して伐採するなというエコロジカルな主張に未来の先細りしか感じないが、こういう発見には未来を感じる。たとえ熱帯林がすこしずつきり拓かれていくことがあっても、その四倍の力で人間は環境を浄化する道を開拓してゆくにちがいないからだ。

もうひとつは、東大原子核研究所などのグループが「反物質」を解明するカギになるような新しい物質をつくりだしたという報道だ。ヘリウムという元素は、水素に次ぐ単純な構造をもっている。原子核のまわりを二個の電子がまわっている。このヘリウムのガスに反陽子を超高速で打ちこんだところ、ヘリウムの原子核のまわりを一個の電子と一個の反陽子とがまわっている新しい、しかも反物質の要素を一部分もった物質ができていることがわかった。反陽子というのは、反水素の原子核だとかんがえることもできる。そのまわりを反電子がまわっているものが反水素だからだ。すると新しい反陽子ヘリウムは、この世界の物質と反物質の中間体だということができる。化学はずっと以前から分子の大きさの領域で中間体という概念をこしらえてきた。いま中間体という概念は、もう一次元極微の原子やもっと小さい素粒子の次元まで迫ってきたことになる。

もうひとつあげてみる。大阪にある蛋白工学研究所のスタッフは、植物の光合成をいとなむ役割を果すべく、太陽の光をとらえる蛋白質について、原子のレベルで立体構造を解明することに成功した。現在の電子顕微鏡は分子や原子レベルの映像をそのまま撮影することができる。この光合成蛋白のばあいマイナス二六九度の極低温でさまざまな方向からとった画像を、コンピューター処理して立体像をつくったと報道されている。

こういった現在の科学技術がやっていることはいったい何を意味しているのだろうか。はじめに言えることは、わたしたちをとりまいている天然自然を、今までよりもっと次元がちがう微細なところまで解明することに成功したということだ。もうひとつ言えば、たんに今までよりも微細なところまで天然自然を解明しているだけでなく、わたしたち人間の間近なところでとても親密に使われたり役立ったりしている天然自然に、だんだんと解明の手を延ばしてきていることだ。

たとえば光合成にあずかる蛋白質の構造がわからなくても植物は光合成をじぶんの生命のいとなみとしてやめることはないだろう。またある種の藍藻類が熱帯林よりも四倍も炭酸ガスを吸収する力があることが解明されなくとも、その藻は式根島の海岸のあたりで、この代謝をいとなむことをやめはしない。だけどわたしたちが環境を保護するのではなく、環境を積極的に変えるためには、こういう解明を欠くことができないものだ。人類はそうやって生き抜いてきた。反物質の成り立ちの解明もおなじことだ。極微の物質の世界の性質を解明することは、極大の宇宙の成り立ちを解明することとおなじだ。そして人間が政治・社会・天然自然を解明してゆく筋道は、いちばん最後のところでこの極微と極大の宇宙の成り立ちによって保護されている。ほんとうの自然保護というのはそういうことだとおもう。

『産経新聞』「社会風景論12」一九九四年三月六日

原子力・環境・言葉

――先生は、ある雑誌で一九八八年に四国電力（株）伊方発電所の出力調整試験についてご発言なさっています。

当時、伊方の出力調整試験はマスコミで非常に大きく取り上げられたんですが、このとき先生は「本当に出力試験が危険なら、四国電力のエンジニア、労働者がまず最初に逃げ出しているはずだ。ちょっと考えれば、当たり前のことじゃないか」とおっしゃっている。正に、大騒ぎしたわりには、当然、何もなかったわけです。いま、あの騒ぎをどうお考えでしょうか。

この種のことでもし課題があるとすれば、二つだと思います。一つは、どういう立場のどんな人から申し入れがあっても、いつもフランクに公開され、説明も受けられ、自由に見学もできるといった体制が前提としてあればいいのではないでしょうか。

つまり、こういうふうに安全で、もし故障が起こるとすれば、こういうチェックの仕方があって、というようなことを誰にでもわかるように見せるようにすることが大原則だと思うんです。

それからもう一つは、原子力発電所に反対だという運動をしている人たちが、理性や論理や、科学を組織すれば運動になるが、恐怖心や恐怖のイメージを結集するのは、市民運動や政治運動でも同じですが、運動の原則にはならないということですね。

環境問題、エコロジー、つまり「緑を大切にしろ」のような運動でも、「緑がなくなると、こういうふうになるぞ」というようなことで、恐怖の想像力を組織する運動の仕方は、全部だめだというふうに僕は思えるんですよ。

反対する人の中に科学の専門家だという人がいたと思うんですが、その人たちは科学の啓蒙という面で運動をしているんじゃなくて、科学者だが、恐怖を組織するという面で運動を展開している。

僕は専攻は化学で、少しそういう職業に就いたことがありますが、反対する人たちの論理でいったら、理工系の学問というのは何にも要らないことになってしまうんですよね。多少の経験からいっても、そういうことは文明の進展する方向性に反するじゃないか、と感じます。

つまり、「原子力文化」がだんだん衰退していくということがあり得るとすれば、それを超える文化が発展してきたときです。そうでない限りは、やはりそういう一つの時代を人類は通過していく、これは文明史的にいえば、必然なので、避けられないでしょうね。「おれは文明、文化、そういうのは嫌いだ」ということで、田園で仕事を見つけて、ゆっくり暮らしたいというのは、個人だったらいいと思います。でも、それは社会的な運動にはならないですね。

だから、反文明や恐怖を組織しちゃいけないんじゃないかということ、それが一番感じたことなんですよ。

そして、「いまどんな人がきてもちゃんと公開して見学させて、説明が必要なら説明します」というような体制は必要なことだと思うんです。その原則さえあれば、あとは専門家の英知に任せる以外にないと僕は思うんですね。

――いま、アンケートをとりますと、嫌原子力とでもいいますか、原子力はあまり好きではないということと、それからエネルギー源からいいますと、日本人は太陽エネルギーに非常に憧れをもっているような結果が出てくるんですが。

そうですね。例えば、沖縄にはいまも残ってますが、少なくとも日本の原始的な宗教は太陽信仰ですから、やはりそういうのが潜在的に、伝統的にあり、とても大きな要因としてあるんじゃないでしょうか。

太陽熱温水器などが置いてある屋根もありますね。もう少し大仕掛けの太陽光発電もあるんでしょうが、そういうことで太陽は利用されています。太陽と海の潮流を使えたら、というような考えは絶えずあるわけでしょう。それは何となく自然をそのまま集約したエネルギーの利用のように思うんじゃないでしょうか。うまくやっていけば、可能なのかなとも思うんですが、いま、一足飛びに大規模に太陽や潮流の利用ができるという実現性について僕にはよくわかりません。

それから嫌原子力には二つあると思うんです。一つは、原子爆弾の強烈なイメージがあって、それは恐怖で防ぎようがないというイメージと双方あって、「それなら使わないほうがいい」というふうになっているんだと思います。またもう一つは、使用済み燃料を処理すれば原子爆弾みたいなものに使える、というようなことがあって、嫌原子力はその二つからきているんでしょう。

それは科学的にいいますと、人間が感覚的に考えられる生物、つまり目で見える限りでの生物は、温度でいえば、マイナス一〇〇度、プラス一〇〇度くらいになったら、身体的な限界性があるわけですが、原子力は、エネルギー的な意味でも、破壊力という意味でも、生物の生理的な身体とはるかに次元が違う巨大な破壊力やエネルギーを放出できるものだ、ということがやはり気がかりになるんじゃないでしょうか。

生物の生体は、温度や破壊力、その他そんなに広範囲に生きていられないものですね。植物から動物から人間まで全部そうで、非常にヤワにできていますから、それ以上の人間の身体が耐えられないようなエネルギーの放出や破壊力がまざまざとあるとすれば、それはやはりケタ違いなことですから、想像を絶するような意味で、怖いなという感じ方はあると思うんですね。だから、原子力というと、苦手だ、おっかない、というイメージと一緒になってしまう、ということはあるんじゃないでしょうか。

――どうやったらそういうイメージがなくなるでしょう。

啓蒙というのも、大変難しいことだろうと思うんです。嫌原子力文化や反原子力発電の人たちが、恐怖を組織するのとちょうど対応するのが、原子力に携わっている人たちが「そんなに怖くないんだ。何重にも安全の装置をちゃんとつくってある」ということだと思うんです。

それから、僕もそういうことを言ったことがあるんですが、日本の原子力発電所や原子力関係で死者が出たとか、放射能汚染に侵されたという例は、戦争のときの広島・長崎の原子爆弾と、焼津の漁師さんがアメリカの水爆の実験場の近くに出漁して、放射能を浴びて亡くなった以外にはないわけです。少なくとも日本では、半世紀、死者を出すような事故はないんですから、逆に考えて、「これほど安全なものはない。航空機よりもっと安全だ」ということになるんですね。

そうすると、反対側があんまり恐怖心を組織したりすると、僕などばかばかしくなって、「確率からいって、あなたたちが生きている間に人命を損なうような事故はないと思うよ」というような言い方をしてしまうわけですが、それは恐怖を組織するのとちょうど対応して、あまりいい啓蒙ではないような気がしますね。

——では？

原子力はこういう形で、発電の場合にはこうなっているんだ、そういうことを知識や常識としてオープンにして、原子力関係の設備も見学させる、そういう啓蒙の仕方をするよりしょうがないんじゃないか、そう思えますね。

それから科学技術は、それが危険であろうと、なかろうと、中立であり、そこには政治性は入る余地がないわけです。科学技術をよく知っているか、どうかの差はあっても、政治的見識、見解が原子力についての考え方を分けてしまうようなことはおかしいので、科学技術の問題は政治的には中立だということは非常にはっきりしなければと思うんです。

そういうことで、やはり啓蒙以外にはないんじゃないか、それ以外のやり方はないので、そこに人間の様々な社会的見解の対立ということが挟まってきてしまいますと、どんな問題もみんな解決不可能で、対立を、そのつど緩和する以外にないようになると思います。

しかし、いずれにしても、難しいことですね。あらゆる面でそういう対立というのは、政治的、社会的な広がりをもつと、解決されたことはないし、解決されることはない、と思います。

けれど、技術が中立だということと、技術はどういうふうにやっても人為的にはとめられないということですね。

つまり、人間の知的な好奇心や知的な成果は後戻りすることはあり得ないということは、一種歴史の公理みたいなものだと思っています。それをとめようとしたり、逆戻りさせようとするというのは、それ自体が間違いだろうということは、非常にはっきりしていると思っています。

「そんなのは成り立たないよ」と何度言っても、反対している人は聞かないから、何度でも繰り返さないといけない。

科学技術というのは、足りないところがあれば、必ずそれを超えていくものをちゃんと生み出していくし、人間というのは可塑性があるから、それが危険だというなら、どうしたら危険じゃないかとか、危険じゃない技術というのは可能か、をすぐに考えて、超えていくわけです。それで文明ができているわけですから。

――いま、環境問題が非常に問題視されていますね。例えば、酸性雨や地球温暖化の問題がありますが、そういうものも人類は克服できる、とお考えになっていらっしゃいますか。

僕はそうです。とても楽天的です。

今年前半、当面したことでは、政治的な問題も絡んで、農産物、特にお米などの市場部分自由化が出てきて、またそれに反対だというのが出てきましたね。そのときに農業経済学の専門家が、もし全面的に農産物を自由化すると、日本の農民が二〇〇万人くらい失業してしまう、という計算をしたんです。

それで、僕は「そういうことはない」と言ったんです。つまり、その場合の計算は、人間が何らの対策を講じないで、じっとしているということを前提としているわけです。僕らでも職場をなくせば、次の職場を一所懸命になって探すわけです。人間はいつでも対応性というのがありますから、問題を解いていくわけですね。きついことですが、当面したら、仕方がないので、解いていくということをやってきているわけです。

地球温暖化の問題も、人間が現状のまま何もしないと仮定して計算すると、絶望的になるが、そんなことはあり得ないわけです。

それは、人間のほうが適応性や対応性がないと仮定した計算になりますね。

僕は外側からの環境で人類が潰滅していくとはちっとも思わないんです。つまり、人間のある生理的器官が使わないものだから退化して、その代わりある面が非常に発達して、という形で人間の生理機構が少しずつ変わっていくということはあり得るが、人間が滅亡する場合には、あらゆる生物が滅亡する場合と同じで、たぶん外在的よりも内在的なような気がするんですね。つまり、永遠の種というのはないでしょうから、遺伝子的障害のようなものの累積で滅亡ということがあり得ると思いますけれども……。

もちろん、その間に犠牲者が出るとかはあると思いますから、対策をとって、そういうのは少なくしたほうがいいわけですが。

四〇年くらい前にロシアにルイセンコ学説というのがあって、「環境をよくすれば、種の質がよくなる」ようなことを言い始めて、それが世界的にはやったことがあるんですが、本当はそんなことはないんです。

環境をよくすると役に立つでしょうが、それはとても相対的なものであるように思います。

——なるほど。

人間の種が変わるとすれば、内在的に変わる。生物はみんなそうだと思います。それ以外には、適応しながらとても長い期間をかけて変わっていくということはあると思いますが、そう簡単に環境問題がすぐに人間に反映して、人間がどうなっちゃうみたいなことはちょっとあり得ない、と僕は思いますね。

人間の適応性とか、知恵や技術的に解決する力というのを、わりあい楽天的に信じていますから、そういうことでどうということはあり得ない、というふうに僕は考えています。そんなことより問題は、環境問題などでも極端にいくと恐怖心を組織する、緩い形だと一種の倫理性を組織する、ということなんですね。

倫理性というのは相当強力な意味がありますから、「そんなに悪を肯定するのか」みたいに言われると、誰でも人間は困るところがあります。だから、反発するにしても苦しいわけですけれども、反発すべきときには、やはり苦しくてもがまんしてしなきゃいけないように思うんです。そうじゃないと、倫理性はすぐ嘘に転化する、と思うんです。ともすれば、「いいことを言っているのをどうしてとめるんだ」という観点になってくるんですけれども、いいことということは大変難しい。つまり、四方八方から見ないと、いいことということはなかなか言えない。

「やっぱり善悪にはかなわないよ」みたいなことになってくると、科学技術は負けていってしまうような気がします。すると、結局は反文明的な考え方が普遍化していってしまうみたいなことになってくる。ある限界を越えて倫理性を強調してしまうと、善であっても、それが悪に転化してしまう場所というのがあると思うんです。

倫理が過剰になって主張されてきて、それが覆っていくということに対しては、苦しくても「それは違う」ということを言わなきゃいけない。

——例えばどんなことでしょう。

僕らの専門の領域でいくと、言葉から入る制約というのが、やはりあるんですよ。

この間も筒井康隆さんという人の小説がてんかん協会から「教科書に載せるのはやめてくれ」と言われたことがありますね。

てんかんに対する医学的認識が足りなかったというのは、それは訂正すればいいんですけれども、そうでなくて、それが倫理として主張されて、てんかんの人をないがしろにするとか、差別するというような言い方で言われると、ものすごく苦しいんですね。

そういう場合に、言葉から入る制限、制約というのはどんな場合でも全部だめなんだと否定したほうがいいです。言葉から人を制約してもいけない。社会内制約を設けてはいけない。言葉から制約しようとするどんな考え方に対しても全部否定すべきだ、という見解を打ち出さないといけない。

言葉の言い換えも過剰に主張されると、ちょっと言葉の使いようがない。そういうことが社会運動にならない前に書かれたものの中には使われていて、何でもなかったという言葉があるわけですね。それをいま、作者でない人が変えるわけにもいかないですよね。

古典だったらなおさらそうで、それを変えるなんていうことはできるわけがないわけです。言葉からくる制約というのは、全部否定しなきゃいけないと僕は考えて、そういうふうに主張してきましたけれども、それが本当に難しくなってきて、人を差別するというようなことを言われてしまうと、ちょっと苦しくなるんですね。

その手の主張は必ず過剰な倫理になっていく。

言ってみることは簡単ですから、すぐ過剰な倫理になる。

苦しくても「それは違うんだ」ということは言わないといけない。

「そこは譲れない」というところがあって、そこが倫理的な非難の対象になるということはあり得ることですけれども、そのときも苦しくてもちゃんと「それはやはり違うんだ」ということを言わなきゃいけない。それが重要なんじゃないでしょうか。

原子力発電所問題でも何でも、倫理から見るのでなく、技術者や科学者だったら、どのくらい危ないか安全か、そんなことはわかるわけですよね。だから、「見に行けばいいじゃないか」というだけの問題なのに、みんなこじらせてしまうわけです。

政治が混合癒着して切り離せなくなっているから、そうなってしまう。だから、きつくてもきつくても、「科学とは、技術とは、原子力というのはこうですよ」というようなことを、繰り返し繰り返し言わないと、だめなんじゃないでしょうか。

半世紀くらい「そういう考えじゃだめなんだよ」みたいなことを言い続けないと、なかなか収まりがつかない問題のように思いますね。


『原子力文化』日本原子力文化振興財団　一九九四年一〇月

〔付論〕自然科学者としての吉本隆明

奥野健男

編集部から要望された標題は「自然科学と吉本隆明」というのであったが、それはとうてい短時日において書けるような気軽なテーマではない。なぜなら吉本隆明の半生において、自然科学は、詩や文学や思想などに劣らぬ比重を占めている。特に小学校から東京工業大学の特別研究生までの学生生活においては必然的に自然科学が、その勉学の主要部分を占めていた。また東洋インキ株式会社や最近辞めた永井・江崎特許事務所などでの生活のための仕事――つまり彼の生産社会での生活の大きな部分は自然科学関係に属していた。もし吉本隆明を全人的にとらえようと志すならば、自然科学における仕事や思考や生活についての考察を欠かすことは絶対にできない。そして自然科学的発想や方法は、彼の詩、評論、思想、あるいは『言語にとって美とはなにか』『共同幻想論』『心的現象論』などの原理論的著作に半ばは意識的に、とり入れられ、反映し、わかちがたい独特な宇宙をかたちづくっている。

しかし自然科学における吉本隆明を考察するのは、他の詩、評論、思想などの分野における吉本隆明の考察と違い、いわゆる一般性がないだけに、きわめて困難である。高村光太郎における詩と彫刻、文学と美術の相関関係やその総合より、はるかに困難である。宮沢賢治の詩と農業土壌技師の相関関係やその総合よりもむつかしい。吉本隆明は、高村光太郎、宮沢賢治、斎藤茂吉のような、単なる文学者でなく、美術、農学、医学など別の専門領域を持っている全人的人間に興味を抱く。かつて、科学者にして哲学者の、デカルトや、パスカルを考究してみたいと語っていたこともある。

それはさておき、自然科学における吉本隆明を論じるには、まず吉本の自然科学分野における研究業績を調べるのが最小の基本条件である。そのためには吉本が日本化学会誌やその他の学術専門誌に発表した論文、学会での報告、大学や会社に提出した研究レポートなどを検討しなければならない。その蒐集が現在吉本研究家の間でも全くなされていない。(もし吉本隆明全集が刊行されるならば、森鷗外の全集の医学篇のように科学篇が絶対必要である)ぼくはいつか将来、これらの科学関係の文献を蒐集し、自然科学の分野を入れた吉本隆明について書こうと考えているのだが、今日はまだ準備が整っていない。

それ故、編集部の要望するテーマは、ここでは一応返上して、随筆的にぼくの知っている自然科学者吉本隆明の外貌的印象だけを綴るにとどめたい。

吉本隆明の履歴を見れば、中等学校は府立化学工業学校（後の都立化工）、専門学校は米沢高等工業学校応用化学科（後の米沢工専、現在の山形大学工学部）、東京工業大学電気化学科（旧制）、卒業をして、東工大化学科無機化学教室特別研究生、東洋インキＫＫの青砥工場、化成部技術課、東工大染料化学研究室派遣研究員、企画課、永井・江崎特許事務所等々、少年時からずっと化学を専攻している。三十数年間、化学と関係しながら育ち、生活していたことになる。このことは子供の頃から、親方に仕込まれ、たたき大工から建築技師まで三十余年間つとめた、洋服職人の徒弟奉公から一人前の洋服屋、デザイナーにまでなったという職人の道と同じく、吉本隆明の体や思考には、化学がたたき込まれ、身についてしまった、少なくとも化学技術者としては三十数年のキャリヤを持っているベテランだと言うことができる。普通の中学校を出ても、東工大の付属工業専門部の化学工業科から、研究生、学部の化学科、東芝の研究所と二十年近く、化学を専攻したぼくでさえ、化学的思考、方法、知識実験における職人的技術は、離れがたい感じがあり、たとえば今日も多摩美術大学の講義は文学を教えるより、美術材料学など高分子化学的な講義をする方が、ずっと楽でかつ力がはいるのだから、吉本においてをや。

小学生の吉本隆明がなぜ深川の府立化工を志望したかは、わからない。ただ当時の東京下町の中小企業、町工場や商家の息子は、おやじの意向で普通中学には行かず、商業、工業などの実業学校に進んだ。いつ不況に見舞われて破産し、貧乏するかわからないから、手取りばやく職が身につく実業中学に進学させた。それでも勉強が好きで出来る子だったなら、そして好況が続いているのなら、普通商業学校や大学の予科に入れず、高等商業や高等工業などの専門学校に進学させた。なお息子に自尊心があり、家業が安泰ならば、一橋の東京商科大学か、蔵前の東京工業大学に入れた。今日の東工大は良家の子弟の名門校だが、戦前は良家の子弟の東大に行けない遊び人と、工業学校、工業専門学校そして工大と立身出世的に昇って来た町工場の子弟の秀才とが混合している不思議な大学だった。佃島の船大工の子弟の吉本隆明はもちろん後者の典型であった。彼は向島門前仲町の今氏乙治の私塾に少年時から通い、別の教養過程と世界を知っていたが、履歴としては職人的化学技術者の道を歩んだといえる。

おそらく府立化工を撰んだのは、小学校の理科教育の中では、いちばん化学が、たとえば溶液の色がたちまち変るなど錬金術師的であり芸術的魅力を持っていたためだろう。

しかしここからは全くの推測であるが、府立化工で教わり、実習した化学の、非科学的非論理性に吉本隆明は幻滅しながら、化学のより論理的、抽象的体系を発見、志しただろう。それは米沢工専の時代に、もっと深刻に持ちこされたに違いない。彼にとっては化学専門の上級学校に進む以外、ほかの分野の自由な学問、教養を勉強し得る口実や道はなかったのだ。

東工大に進学し、電気化学科を撰んだということに、ぼくは当時の化学の主流であった分析化学、合成化学の実験中心の職人的経験や器用さや習熟を必要とする実験化学から、少しでも抽象的、理論的、体系的な物理化学、理論化学への志向を見る。しかし――電気化学、理論化学、物理化学においても、いささかの数式的、物理的な体系化はあっても実際の仕事はかえって実験の精度を競う職人的な技術にあった。誤解のないために言っておくが、吉本隆明はそういう技術者的職人的な化学実験は決してバカにしていないし、自身それをたのしんでいた。少年の頃から鍛えられた実験の腕には、高い自信と誇りを持っていた。決して理論家として実験者の地味な努力を軽視することはなかった。それどころか、たとえ狭い範囲しか知らなくても腕のたしかな実験化学者、技術者をこよなく敬愛していた。

しかし吉本隆明は、応用化学的な電気化学科にいながら卒業論文のためには、純化学系《ピュアケミストリイ》の化学科の無機化学教室をえらんだ。直接の指導教官はいろの化学で有名な粋人化学者稲村耕雄助教授であった。けれど当時の無機化学は錯化合物を入れても行きづまって居り、彼の色、新しいコンプレックス顔料の研究も、徒らにX線廻折その他で、結晶や分子構造を分析する体の希望のないものであったに違いない。いやそれだけに吉本隆明は、飛躍的な無機化学、色彩化学の実験方法と、原理論を夢想していたかも知れぬ。

しかし吉本隆明の思想史として主要なことは、経験的実験科学に、そして少青年期を支配して来たナショナリズムの思想に、すべて絶望していた敗戦期に、遠山啓の「量子論の数学的基礎」という特別講義を聴講したことである。ぼくは戦争中から専門部の授業として遠山啓氏の微積分、解析幾何の毎週十時間という集中的講義を一年半にわたって聴き、わからないながら遠山啓氏の古武士的風貌と明晰、沈着な論理と人柄に魅せられていた。特に東京大空襲の翌日、全くそんなことがなかったようにはじめる氏の講義はぼくにとって唯一の生甲斐であった。それだけにぼくは吉本隆明と、ぼくも聴講したこの特別講義の、特にぼくにとっても革命的だったカントルの集合論をめぐる壮麗な理論数学の崩壊をめぐる説明は、ぼくにとって印象深い。なぜか、それが坂口安吾の『堕落論』や太宰治、織田作之助、石川淳、そしてマルクスやフロイトやアインシュタインにそしてドストエフスキイの『地下生活者の手記』に結びついている。すべてぼくにとっては既成価値の崩壊、変革につながっていた。吉本隆明は、それをもっと深く思想的基礎において受けとめたに違いない。

彼がその後、まもなく遠山啓氏を訪ね、熱心に数学専攻に転科したいと何度も来たこと、遠山氏が数学では食えぬととめたことを、後年、遠山啓氏から幾度も聞いた。吉本はこの時期、より論理的、抽象的な科学である数学に、それが単純な因果律の論理ではなく、主観的な〈直感〉と〈思惟〉が導入された数学に魅惑され、本気に志したのである。

その志ははたせなかったが、以後遠山啓氏によって触発された、単純因果律とは違う開かれた現代科学的思考は、文学、思想の場の核心となる。

しかし一方、吉本隆明は熟練した化学技術者の道も捨てなかった。ぼくが最初吉本隆明にあったのは、終戦前後の学生時代の彼で、実験試料を合成実験室から、科学的分析室にデシケーターに入れて憂鬱な顔で運ぶ姿であった。それ以後、特研生として無機化学教室の準備室倉庫兼の研究室でひとり顔料の試料を焼き、X線廻折で分子構造を探究している彼、東洋インキの派遣社員として染料の研究室の工場実験室で染料を合成している彼を何度も訪ね見ている。

しかしぼくらはおたがいに化学のことは話さず、文学や思想ばかり話しあった。そのそばでは実験はたえずすすめられていたのだが。たまに吉本は、フランスの油絵具の色より、もっとすぐれた絵具をつくって見ようと思うと確信ありげに語ったこともある。派遣社員の頃は、彼は無機化学ではなく、ぼくの専門の有機化学の合成、染料の実験をやっていたが、その実験の手さばきはさすが年季が入っていて、見事だった。一見不器用そうで決して失敗せず、確実なのだ。

その頃(昭和二十九年頃)の東洋インキや工大の上司への報告書を同じ『大岡山文学』同人の詩人兼技術者の友人から若干見る機会を得たが——「ラピドゲン染料に就いて」の報告書は捺染試料表から、「アミノスルフォ安息香酸の製造について」「ヂアゾザルツGの製造ラピドゲン染料の配合、発生試験」や「ファスト・ブラウン」についての報告書等、地味な研究実験ながら、発想も方法も、論理も、実験も、まさに足が地についた簡潔な確信にみちたレポートである。そのひとつひとつの実験の意図に、方法に、分析に具体的な科学的思考が生きている。そしておもしろいのは、たとえば吉本隆明が、ゆるやかに攪拌し、と書いたのを、上司が化学的表現の慣習に従って緩慢に攪拌しと、訂正しているのを、吉本は「訂正ノ要ナシ」と欄外に書き実印を押し、自分の表現を通している。そういう部分だ。彼は化学の報告においても、厳重に表現の的確性、正しさに自信を持ち、曲げることがなかったのだ。

こういう吉本隆明の顔料や染料に対する合成や分析の実験、そして理論は、自然科学を大きく変貌させるような画期的な研究ではなかった。しかし「科学は自然を変える」という、従来の科学観に対し、科学は自然を模倣し、単純な自然の要素をとり出しているだけだという、自然科学への認識が見事につらぬかれている。吉本は科学を誇大視もしてなければ、蔑視もしていない。認識において絶望しながら、着実に改正研究を職人的、科学的良心で正確に続けている。もちろんその研究の中で、独創性、体系的理論への希求が認められる。

しかしそれの研究の科学の中での評価と、その研究方法と思考の特徴や、その他の仕事への影響は、十分の調査の後にしか、論じることができない。

ぼくは終りに、ドイツ系の特許事務所に、遠山啓氏の紹介でつとめた吉本が、いかに優秀な卓抜な才能をしめしたか、(彼は文学の仕事のため、昼頃出勤し、三時頃退社したにもかかわらず、事務所でもっとも有能なしかも仕事をいちばんする所員だったと思う。独学にもかかわらずドイツ語、フランス語、英語の翻訳力も卓抜であったと思う)骨身にしみるほどに感じたことがある。それはぼくが東芝の研究所で、プリント組織にかかわる、ある種の研究をして特許を申請した際(それは大河内技術賞や、科学技術庁長官賞を得たごとく客観的に見て一応画期的と言える研究、発明であったと思われるのだが)、その研究の一部は、既にドイツにおいて発明され、自明とされていることだと、ドイツの利益を代表する、永井・江崎特許事務所から、異議申請がなされた。ぼくらとしては、金属面の第一酸化銅が、ブタジエン系の合成ゴムの不飽和部分と反応し、強固な化学的結合をなし、特別の耐熱的、弾性的接着力を持つにいたった実験とその理論、つまり独創性に十分の自信があったのだが、その異議申請の文書は、論理的、体系的で手ごわかった。これは容易ならぬ才能の持主が書いた文書だと思い検討しているうち、ぼくはその法律的文体の中に吉本隆明でしか書けない文章、卓抜の論理を発見した。後に判明したが、その異議申請の文書はまさに吉本の筆によったものであった。ぼくは盟友である吉本隆明との思わぬ科学技術者論戦に、ファイトを燃やしその反論を綴った記憶がある。

吉本隆明は、科学、就中、専門である化学に絶望しながらも、その中で地道に努力し、化学の実験研究を通して、仕事をそして方法を、深層意識的に身体で会得している。それがどのように文学や思想にかかわっているかは、彼の仕事を専門的に分析し評価する地道な仕事を経てのみ、可能であるとぼくには思えるのだ。

『現代詩手帖』臨時増刊号　一九七二年八月

編者あとがき

宮下和夫

吉本隆明さんが、二〇一二年三月一六日に亡くなられて、膨大な文業が残され、心あるものの課題となった。その課題の最も大きいものは言うまでもなく、全集であった。これは、全集編集のプロである元筑摩書房の間宮幹彦さんが、ずっと準備をしていて、生前の吉本さんのOKもいただいていた。

いま、出版業界は冷え込んでいる。吉本さんの著作は膨大だから、なかなか、手を出すところはないだろうと思われていたところ、よしもとばななさんのブログが奇縁となって、晶文社が出すことになった。平均五九〇頁、三八巻＋別巻一巻、七年がかりという大型企画である。これには、いくつか講演も語り物も入っている。

ほとんど、網羅されていると言って良いが、まだまだある。まず、講演集がある。三〇〇頁平均で一二冊、これは筑摩書房が出すことになった。僕が編集に当たる。対談集もある。六冊にはなるだろう。未完だった『アジア的ということ』もある。語録（インタビュー、その他）もある。数冊になるだろう。だから、全集以外でも、二〇冊以上になるということだ。

そして、本書だ。「反原発」の声が高いなか、本書のような企画を考える編集者はいない。出す出版社も限られる。その中で本書は、論創社が出してくれることになった。ご迷惑をおかけしなければいいが、とそれだけを祈っている。

吉本さんは、一九八二年の『「反核」異論』以来三十二年経っても、一貫して主張してきた、反「反核」、反「反原発」の姿勢を崩さなかった。いずれも、世の大きい声に一人で立ち向かおうという、凛乎とした姿勢で一貫している。『「反核」異論』のときは、これで、読者の半数を失ったと言われた声が今も耳に残っている。

吉本さんは、自分の信じていることはどんなに世の中や表現者からの批判があろうと発言するという姿勢を一度も崩したことはなかった。花田清輝との論争以来、埴谷雄高をはじめ数々の論争を重ね、長年の盟友をすら失っても自分の考えは変えなかった。この〈変えない〉という姿勢が思想家にとって大事だ。思想家・表現者には読者がいる。思想家が簡単に自分の考えを変えたら、それまでの思想を読者はどう考えたらいいのか。

オウム真理教事件のときもそうだった。一九九五年三月の地下鉄のサリン散布には反対を表明したが、麻原彰晃の宗教者としての水準の高さを認めることは、みごとに一貫していた。世間のバッシングは激しかったし、長年の友人で袂を分かつ人も出た。またまた、読者の半数を失ったことだろう。

そして、本書である。「週刊新潮」（二〇一二年一月）に、「「反原発」で猿になる」が出て、反撥は激しかったと聞いた。本書も、世の「反原発」「脱原発」と言う、口当たりの良い言葉に、真っ向から異を唱えている。口調は柔らかだが、言っていることは、過激だ。しかし、よくよく偏見なく読んで欲しい。吉本さんの言っていることが正しいことが、分かるだろう。

晩年は、目がほとんど見えなかったというから、テレビもほとんど見れなかっただろう。新聞もあまり読めなかったようだ。耳から入るラジオ・テレビの情報が、情報源としては、ほとんどだったのではないだろうか。来客の多いうちだったから、来客の話も情報として聞かれただろう。

ただ、カメラマンの吉田純さんに聞いた話だが、一字が八センチ×八センチくらいになる拡大鏡で小説など読む早さは凄いものがあったという。亡くなる数年ほど前のことらしいが、最晩年には、新聞を読まれる気力もあまりなかったようだ。

そういう乏しい情報源のなかで、第Ⅱ部「詩と科学との問題」（一九四九年）

から言えば、古くから考え続けてきた原子力の問題は、いかに大きな事故が起こったといえども、考え抜いた考えを変えることはなかった。科学の進歩ということを信じることにゆるぎはなかったのだ。

吉本さんの影響を最も受けた全共闘世代の人びとが、こぞって「反原発」「脱原発」のほうへ行くなか、吉本さんを深く理解しようとしているのは、管見によれば数えるほどしかいない。副島隆彦さんと瀬尾育生さん加藤典洋さんくらいだと思う。これは、寂しいことだ。

あれだけいた、吉本信奉者・吉本主義者はどこに行ったんだろう。吉本さんの思想はそんなに軽いものだろうか。本書は、ある種軽いインタビュー集に見えるかもしれないが、一人で全世界を背負おうとする、死ぬまで革命思想家だった人の残した、「重い遺書」でもある。

またまた、吉本さんは、重要な思想的課題を残して死んだのである。

日本人全員が考えるべき、もっとも重要な問題に対して答えた本書は、吉本思想の最良の入門書といっても良いかもしれない。

本書の構成について、一言すれば、第I部「3・11/以後」は、二〇一一年三月一一日の東日本大震災、福島の原発事故について語られた十一篇のインタビューで構成されている。発表順である。二〇一一年三月二〇日の「朝日新聞」の「on reading 本を開けば」から始まって、二〇一二年一月五・一二日号の「週刊新潮」の「「反原発」で猿になる」までである。最後のものが、タイトルのスキャンダラスな感じもあって、世の猛反撥を買った。しかし、よく読むと、タイトルの過激さとはちがって、諄々とした持論の展開である。二〇一二年三月一六日に亡くなられるのだから、本当に最後までじぶんの思想を展開しきった、と言っていいだろう。

最後から二番目の遺著『フランシス子へ』（講談社、二〇一三年三月八日刊）の編集者が最後に会って話をしたのが二〇一一年一二月二〇日だそうである。「週刊新潮」の取材はその少し前だろう。その頃で、吉本さんの表現者としての生命は終わったのだろうか（遺著『開店休業』は二〇一三年四月三〇日の刊行だが、連載は二〇一一年二月号まで）。ご自身で書かれたものが出ない限り、「週刊新潮」のインタビューが最後の発言であり、本書が本当の遺著ということになるのだろう。

第Ⅱ部「3・11／以前」は、一九四九年二月に掲載された「詩と科学との問題」が飛び抜けて早く、それから、一九九四年一〇月のインタビュー「原子力・環境・言葉」まで全六篇の、第Ⅰ部に関連する科学的論文・対談・エッセイ・インタビューからなる。五十年間にわたるものである。吉本さんの一貫して変わらない姿勢を知ってもらうべく編んだ。

なお、出典は全て、各文章の末尾に記した。

本書のほかに、『「反核」異論』（深夜叢書社）と、『「情況への発言」全集成

3』(洋泉社、二〇〇八年)の「エチカの闘争」(一九八九年二月)、『情況として の画像』(河出書房新社、一九九一年)の「エコロジー談義Ⅱ」を読んでいただ ければ、吉本さんの原発に対する考えのほとんどは分かるだろう。本書に異和を 感じる方は、それだけの労をとっていただくことをお勧めする。

最後に、付論として、東京工業大学以来の文学上の盟友であり東工大の後輩で あった奥野健男さんの「自然科学者としての吉本隆明」(『現代詩手帖』一九七二 年八月)を収録した。吉本さんの科学者としての真摯な姿を描いた珍しい文章で ある。これ以外に、自然科学者・吉本隆明を描いたものはないだろう。その意味 で、貴重な証言であり、文献である。

(みやした・かずお)